Quiet Time Poetry

QUIET TIME POETRY

큐티 시집 Ⅰ

얼굴

Face

EACF 소개 About the EACF

EACF는 East Asian Christian Fellowship의 약자이며, 영국 '런던대학' (로얄할로웨이 칼리지)의 공식 기독단체다. 1997년 학교 채플에서 한인교회로 시작했으나 현재는 영어로 예배를 드리는 국제교회로 변천, 현재 학교 안 채플에서 주일예배를 드리는 한국인 목회자가 이끄는 유일한 국제교회다. (www.rhkc.org)
현, 담임목사_ 차병준/ 파송 선교사_ Sarah Misun Lee
한국 평신도 지도자_ 신선호 박사, 양수미 집사/ 영국 평신도 지도자_ 김혜영 박사

런던대학 로얄할로웨이 칼리지 본관, 시계탑 좌측 EACF 예배당

서문 Introduction

이 '큐티 시집' 은 '큐티용' '전도용' 이다.

그러므로 책장에 꽂힌 장식품이 되어서는 안 된다.
오롯이 하나님을 더 알고자 하는 성도들에게 자신을 나타내시는 하나님을 경험하게 되길 소망한다.

특별히 '하나님을 모르는 나' 를 통해, 공간적으로 정체되어 있는 분들에게 '창조주' 와 '구속주' 를 소개하고 초청하는 안내자가 되기를 희망한다.

'하나님의 사랑' 은 절대적이고 완전하시다. 이것만이 우리를 향한 사랑의 전부라고 생각하였다. 하지만 친히 '사람' 으로 세상에 오셔서 '사람' 에 대한 자신의 사랑을 '확증' 하신다.

이 사실은 '우리가 서로 사랑해야 한다' 는 의미이다.
그래서 큐티에 올려진 '시' 는 하나님의 사랑을 자연, 인간, 신학적인 측면에서 '사람의 사랑' 으로 풀어낸 작업이다.

또한 시와 함께 담아 낸 '사진' 은, 모두 '영국' 풍경 사진이며 '큐티용' '전도용' 으로 가는 조언자이다.

5월 13일
EACF-U.K.

초청의 글 Invitation

현재 영국에서 사용하는 EACF 초청장_ 한국어, 영어, 일어, 중국어, 프랑스어, 독일어 순

이곳에 방문한 여러분, 주님의 이름으로 환영하며 사랑과 축복의 메시지를 전합니다. 사람은 꿈을 먹고 사는 존재입니다. 꿈이 없다면 하나님의 고귀한 형상으로 지음 받은 존재인 사람의 참된 가치를 상실합니다. 현실을 살아가는 모든 사람들은 꿈과 현실을 오가며 때로는 웃고 우는 삶을 경험합니다. 그러나 우리 믿음의 공동체 국제한인교회는 믿음을 가지고 아름다운 꿈, 희망이 있는 꿈, 사랑이 넘치는 꿈, 승리의 꿈, 오늘은 이곳에서 내일은 세계로라는 꿈을 꾸는 믿음의 공동체입니다. 로얄 할로웨이 유서 깊은 채플에서 매주일 살아 있는 예배를 드립니다. 또한 미래의 소망이요 세계의 기둥이 될 젊은이들을 예수님의 참된 제자로 양육하고 마음을 나누는 교제를 통하여 날마다 살아나는 회복을 꿈꾸는 곳입니다.

(차병준 목사의 메시지, 현재 EACF /런던대학 로얄할로웨이 국제한인교회 담임)

Welcome to Royal Holloway **EACF**. We have our own dreams to fulfill. We have faith in God, beautiful dreams with love, passion and victory in Christ Jesus. We believe the faith leading us today from here to the world tomorrow.
Every Sunday morning, young and passionate students come to praise and worship our Lord Jesus Christ. They are here to be trained as disciples of Jesus and to share their hearts in the fellowship. We all welcome and bless you in Christ Jesus. - Message from **EACF**.

(영어, Translation by Dr. Heyoung Kim, 현재 영국 EACF 청년간사, 런던대학 로얄할로웨이 교수)

私たちには夢があります。私たちは神を信じ、愛に満ちた美しい夢、イエス・キリストの情熱と勝利を信じます。信仰は、私たちを今日ここから明日の世界へと導いてくれるものだと信じています。毎週日曜日の朝、若く熱意に満ちた學生たちが、主イエス・キリストをたたえ、礼拝するために集まります。學生たちは敎會でキリストの弟子として成長するとともに、お互いの心を分かちあいます。私たち敎會一同、どなたも心より歡迎します。あなたに神のご加護がありますように。

(일어, Translation by Saori Yosano, 현재 EACF 일본인 멤버, 학생)

人生充滿夢想. 沒有夢想就失去主造就我們的意義. 我們生活在夢想和現實之間, 時得時失. **EACF** 陪伴我們實現夢想, 只要我們相信主, 相信美麗的夢想, 相信主耶穌的愛, 熱情和胜利. 我們相信他會帶領我們到明天的世界. 每星期天一帮熱情的年輕人聚在一起, 在這里訓練成爲耶穌忠實信徒, 從而可以從心地分享他們的心. 我們歡迎一起加入我們的大家庭, 來到主耶穌的祝福里.

(중국어, Translation by Elaine Liang, EACF 중국인 최초 세례자, 직장인)

Nous avons nos propres rêves à réaliser. Nous avons foi en Dieu, nous avons de beaux rêves d'amour, passion et victoire en Jésus-Christ. Nous croyons en la foi qui nous guide aujourd'hui vers le monde de demain. Chaque dimanche, de jeunes étudiants passionnés viennent louer notre Seigneur Jésus-Christ. Ils sont là pour se former comme disciples unis d'un même coeur dans la communion fraternelle. Nous vous accueillons tous dans la bénédiction de Jésus-Christ. Message de **EACF.**

(프랑스어, Translation by Jooja Curley, 한국계 프랑스인, 현재 EACF 리더, 학교 교사)

Der Mensch ist ein sich nach Träumen sehnendes Wesen. Ohne Träume verlieren wir den wahren Wert des Menschen als das von Gott erschaffene Wesen. In unserer Zeit sammeln wir gute oder schlechte Lebenserfahrungen in bezug auf Traum und Realität. Die traditionsreiche internationale fernöstliche Kirche (East Asian Christian Fellowship) an der Universität Royal Holloway ist eine Glaubensgemeinschaft, die sich an den schönen Traum, den Hoffnungs-, den Liebes-, den Siegestraum und den Traum 'heute hier und morgen in die Welt' wendet. Jeden Sonntag nehmen junge Leute, die als die Hoffnung der Zukunft und Grundlage der Welt angesehen werden, am lebendigen Gottesdienst teil, werden als die wahren Jünger Gottes gefördert und erfahren jeden Tag lebendige Erneuerung durch den warmen Umgang miteinander. Liebe Gemeinde, Herzlich Willkommen im Namen Jesu Christi. Gott segne Sie!

(독일어, Translation by Soyoung Kim, 한국인, 현재 EACF 멤버, 독일어 번역가)

월 계획표 Monthly planner

년도 월

Sunday	Monday	Tuesday	Wednesday	Thursday	Friday	Saturday

년도 월

Sunday	Monday	Tuesday	Wednesday	Thursday	Friday	Saturday

년도 월

Sunday	Monday	Tuesday	Wednesday	Thursday	Friday	Saturday

년도 월

Sunday	Monday	Tuesday	Wednesday	Thursday	Friday	Saturday

대표시_ 얼굴 Face

살다 보면 힘을 잃고 누군가의 도움이 절실히 필요한 때가 있게 마련이다.
'얼굴' 이란 시는 설 기운도 없을 만큼 가장 힘이 빠져 있을 때, 잘하고 있다며 '칭찬' 과 '격려' 를 아끼지 않으시는 주님의 얼굴과 내 얼굴이 맞닿아 속삭이는 모습이다.
주님은 나와 가장 가까운 사람의 얼굴을 통해서 자신의 사랑을 곧잘 이렇게 속삭이신다. 지금 내 가까이에서 속삭이는 '얼굴' 은 누구인지, 그들의 사랑과 관심을 통해 주님이 주시는 '힘' 과 '능력' 을 얻는다.

얼굴 · ·

(소리 없이 미소 띤 얼굴로 다가와)
"음-- 뭐해요?"

(깜짝 놀라며)
"언제 왔어요!"

(연신 미소를 띠며 바싹 다가와)
"음-- 방금"

(한참 동안 말없는 눈빛에 설레며)
"할 말 있어요?"

(언제라도 반할 듯한 얼굴로)
"음-- 잘하고 있어요"

〈자매상〉 하남시 '묵과 면' 에서

'큐티 시집' 효과적으로 사용하기

'큐티QT(Quiet Time)' 는 하나님과의 조용한 묵상의 시간을 의미하고, '큐티 시집' 은 '시' 를 통해 '말씀' 으로 인도하는 새로운 방식의 큐티 집이다.
'큐티 시집' 의 '시' 뿐 아니라 사진, 해설, 기도, 말씀 등의 순서를 거치면서, 어디에서든 삶에 적용시킬 수 있는 부분을 만나게 될 것을 기대한다.

시_ '인간의 사랑' 과 '자연' , 그리고 성경의 '아가서' 같은 하나님의 사랑이 주제입니다

사진_ 모두 '영국' 풍경 사진이며 '시' 를 이해하는 데 도움을 줍니다.

날짜_ '년, 월' 에 관계없이 '정해진 날짜' 에 맞추어 묵상합니다.

시 해설_ 깊이 있는 '영성' 을 위해 성도들을 초대합니다.

하나님의 말씀_ '큐티 시집' 의 목적이며, '신앙을 결단' 하게 합니다.

축복하는 기도_ 적용한 것을 '아멘' 으로 화답할 수 있습니다.

하나님을 모르는 '나' _ 초신자가 삼위(성부 하나님, 성자 예수님, 성령 하나님) '하나님의 성품' 에 대해 알게 됩니다.

간절한 기도_ 새로이 알게 된 하나님을 '믿음으로 고백' 합니다.

적용하기_ 지금까지 마음에 남은 것을, 실제 나의 삶에 '구체적으로 반영하고 실천' 합니다.

• 이로써 큐티 시집의 하루 묵상을 마치게 됩니다.

{ contents } *Quiet Time Poetry*

Quiet Time Poetry

큐티 시, 사진, 해설, 기도

(1－6일)

피아노 하이키의 둔탁한 소리

반백 년 된 상아 건반으로서는 더 이상 높이 쳐낼 수 없을 만큼
마지막 옥타브 위에서 혼신의 힘을 다해 타닥 타아닥—
바닥에 닿는 듯한 나무 소리

톡탁톡탁 토톡닥 토탁탁— 한 키 두 키 피아노 키가 끝까지 올라간다

드디어 오른쪽 마지막 키에서 긴 손가락들이 어울려 논다

피아노 배꼽 바로 위의 기본 키에서 도레미 도레미— 하며 구슬
굴러가는 소리를 내던 손가락이 어느새 세월처럼 흘러 올라가
가장 높은 하이키의 소리를 낸다

영국 체스터 길거리 악사

영국 우체통

흰 머리카락이 점차 많아 보이고 함께 늙고 싶은 이들의
마음을 담아 그리고 마지막 열정을 다해 힘껏 친다

열 개의 꽉 찬 손가락이 뒹굴 듯이 상아 건반 위를 미끄러지듯
달리기도 하고 초조한 듯 기다림 끝에서 한 옥타브를 뛰어넘기도 한다

가장 높은 하이키의 둔탁한 나무 두들기는 소리를 위해
모든 에너지를 모으다 매우 빠르기로 달리다가 다시 여려지는 듯

그러다가 더 이상 자아낼 수 없는 절정의 소리를 낸다.
하이키로 낼 수 있는 마지막 사랑을 위하여…

01일 피아노 하이키의 둔탁한 소리

60년 된 상아 건반 피아노를 친다. 맑은 공기 속에서 울리는 나무 부딪는 하이키의 소리는 마지막 사랑을 모으기에 가장 적당한 소리이다. 우리는 날마다 주의 일꾼 되기 위해 훈련 받기를 즐거워한다. 억지로 십자가를 진 구레네 시몬이나, 왜 인지도 모른 채 끌려온 새끼 나귀처럼 주께서 한 번 사용해 주실 때를 기다리며 주어진 삶을 살아간다.

더 이상 오를 곳이 없는 마지막 하이키처럼 우울증도 조울증도 심한 세대다. 주님이 정해 주신 시간을 모두 다 살아내기 위해 안간힘을 쓴다. 이 때 사랑하는 이들 속에 둘러싸여 살 수만 있다면 더없이 행복한 날들이다.

하나님의 말씀

들음_ 히브리서 4:7 오늘 너희가 그의 음성을 듣거든 너희 마음을 완고하게 하지 말라

찬송함_ 히브리서 13:15 우리는 예수로 말미암아 항상 찬송의 제사를 하나님께 드리자 이는 그 이름을 증언하는 입술의 열매니라

자원_ 시편 51:12 주의 구원의 즐거움을 내게 회복시키시고 자원하는 심령을 주사 나를 붙드소서

축복하는 기도

삶의 '에너지' 가 바닥이 나기 전에, 늘 재충전할 수 있도록 '환경' 을 인도하시고 '쉼' 의 공간을 주옵소서. 주님!

하나님을 모르는 '나'

평생을 오래된 피아노처럼 헌신적으로 일했습니다. 지금까지 나 자신의 꿈과 미래를 위해 시간을 보냈습니다. 나이가 들어가는 나에게 그동안 모르고 살았던 '하나님' 을 새롭게 알 수 있는 기회가 있기를 원합니다. 남은 삶이 참된 소리를 낼 수 있도록 마지막 남은 힘을 모아서 창조주 하나님의 순리를 따라 살기를 원합니다. 죽은 후 누구나 한번은 나를 세상에 보내신 하나님 앞에 서야 합니다. 그때를 위해 이젠 두려워하지 않고 '예수님' 을 믿습니다.

적용하기_ 시편 119:18

"내 눈을 열어서 주의 율법에서 놀라운 것을 보게 하소서"

간절한 기도

하나님이 부르시는 그날까지 당신의 아들 '예수' 를 믿으며 새로운 삶을 살기를 원합니다. 저를 불쌍히 여기시고 구원하옵소서. 아멘!

토끼와 호랑이

한여름 새벽
가로등도 졸린 듯
눈꺼풀이 뿌옇게 깜빡이던 때

도로 가에 선 토끼가
양손을 부지런히 놀리며
무언가를 까부르다

달리던 자동차 불빛과
정면으로 부딪치자 서로 놀라
휘둥그레 점점 커지는
토끼의 눈!

◈

한여름 황혼 따라
잠자려던 햇살이 다시
기지개를 펴는 때

*"깜깜한 밤 숲 속에서
불타오르는 호랑이의 눈빛"
W. Blake의 시를 읊조리자

수 백 년 만에 캠퍼스에
불쑥 나타나 따가운 햇살
속에서도 불타오르는
호랑이의 눈!

◈

교차하는 순간 놀라던
토끼의 사랑스런 모습

옛날 옛적
깊은 산중이었을지도 모를
이곳에서 만난 연민으로
가득한 호랑이

나는 토끼
너는 호랑이
하나 되어 마주하는
정겨운 눈빛들!

* 원문: "Tiger tiger burning bright in the forests of the night…"

영국 동화, 토끼 '피터'와 친구들

'피터 래빗' 상점

02일 토끼와 호랑이

어느 날 캠퍼스 축구장에 걸터앉아 시를 읊조리다가, 수 백 년 전 과거 속에서 튀어나와 만난 호랑이의 모습, 너무 놀랐지만 빛나는 태양 속에서도 연민으로 불타던 눈빛을 잊을 수가 없다. 가장 귀여운 동물로 상징되는 토끼가 새벽 미명 찻길에서 등을 보이며 먹이를 먹다가, 차 불빛에 놀라 정면으로 마주친 눈빛 또한 얼마나 귀엽든지… 모두들 사랑스런 하나님의 작품들이다.
경쟁사회에서 사람들은 서로 으르렁대지만, 우리만큼은 천국처럼 약자와 강자 모두 평화스럽게 살기를 원한다. 또한 우리는 '강한 군사' 가 되어야 하지만, 연약한 '아이' 처럼 정직하고 순수한 면을 유지해야 한다.

하나님의 말씀

평화_ 이사야 65:25 이리와 어린 양이 함께 먹을 것이며 사자가 소처럼 짚을 먹을 것이며 뱀은 흙을 양식으로 삼을 것이니…
제물 되심_ 히브리서 9:12 염소와 송아지의 피로 하지 아니하고 오직 자기(예수)의 피로 영원한 속죄를 이루사…
하나 됨_ 요한복음 15:7 너희가 내 안에 거하고 내 말이 너희 안에 거하면 무엇이든지 원하는 대로 구하라 그리하면 이루리라

축복하는 기도

세상에서 약자와 강자 모두, 서로 협력하고 사랑하며 사는 사회가 되게 하옵소서. 주님!

하나님을 모르는 '나'

나는 지금껏 살면서 호랑이 같은 강자에게는 약하고, 토기 같은 약자에게는 강한 비겁한 삶을 살았는지도 모릅니다. 하지만 창조주 하나님 앞에서 겸손하게 살기를 원합니다. 강자에게는 슬기롭게, 약자에게는 겸손하게 대할 줄 아는 사람으로 말입니다. 이제 약자도 강자도 없는 영원한 하늘나라로 가는 길을 알고 싶습니다.

천국으로 가기 위해 예수님을 믿어야 한다니 제 마음을 엽니다. 나의 약함과 강함을 아시는 전능자 하나님께서 나를 인도하여 주십시오. 사람들이 미움 없이 행복하게 사는 그날 나도 그곳에 있게 하옵소서!

적용하기_ 시편 119:19

"나는 땅에서 나그네가 되었사오니 주의 계명들을
내게 숨기지 마소서"

간절한 기도

천국의 길로 가는 오직 한 길 예수님을 믿습니다. 화평케 하시는 예수님 당신을 더 알기 원합니다. 아멘!

영국 런던 시내 역사

영국 맨체스터 pub

혜화동 대학로

뜨거운 여름 한낮
바삭한 튀김 새우와 얼음 속 소바
따뜻한 커피 한 잔과 얼음 과일빙수

마로니에 공원
온갖 라이브 공연이 다시 들려오고
소극장 연극 티켓을 들고 호객하는
젊은이들의 미소 띤 얼굴들!

새로 생긴 크림 도넛가게 창 너머로
두세 개 붙여놓은 널따란 건널목을
넘나들며 견습을 하는 새내기 배우들!

혜화동 대학로의 늦은 햇살
만져질 듯 맥주 한잔에 기분 좋아 흥얼대다
늦은 밤 지친 나지막이 졸린 목소리

수 십 년 지난 온갖 연극들이 되살아나고
소극장으로 다시 찾아가는
오래된 관객들!

03일 혜화동 대학로

더운 여름날 해가 지도록 이어지는 행객들 모두가 '연극 배우' 와 '관객' 이 된다. 이곳에서 젊은이들이 꽃을 팔고 연극 티켓을 위해 호객 행위를 해도 눈살 찌푸려지지 않는 유일한 곳, 변함없는 '혜화동 대학로' 이다. 이곳에서의 좋은 기억들이 떠오른다.
주님의 손바닥이라는 무대 위에서 우리는 각기 즐거움의 춤을 춘다.
'자유의지' 를 주신 주님 안에서 동서남북 어느 방향으로 가든, 무엇을 타고 가든 우리 마음대로 할 수 있다. 아담과 하와는 불순종했지만, 우리가 '먹지 말라' 는 것을 먹지 않고 '순종' 한다면, 그 길이 하나님의 뜻을 좇아 사는 길이다. '순종' 안에 참된 자유가 있음을 잊지 말자.

하나님의 말씀

자유함_ 갈라디아서 5:13 형제들아 너희가 자유를 위하여 부르심을 입었으나 그러나 그 자유로 육체의 기회를 삼지 말고 오직 사랑으로 서로 종 노릇 하라
사모함_ 히브리서 11:16 그들이 이제는 더 나은 본향을 사모하니 곧 하늘에 있는 것이라 이러므로 하나님이 그들의 하나님이라 일컬음 받으심을 부끄러워하지 아니하시고
제물 되심_ 히브리서 9:26 이제 자기(예수)를 단번에 제물로 드려 죄를 없이 하시려고 세상 끝에 나타나셨느니라

축복하는 기도

주님이 정해 주신 공간을 벗어나지 말게 하시고, 변함없게 하시며 그 안에서 맘껏 자유를 누릴 수 있도록 인도하옵소서. 주님!

하나님을 모르는 '나'

혜화동, 인사동, 종로, 강남 그리고 고향 산천, 유명 해변가 모두 나의 추억이 있습니다. 하지만 내 '몸 속' 을 들어가 볼 수 없듯이 내가 알지 못하는 세상은 하늘나라입니다. 그 천국을 알아 가기를 소원합니다.
누군가 혜화동 대학로를 특별히 사랑하는 것처럼, 나는 지구 안 제한된 공간에서 살 뿐 지구 밖으로는 나가서 살 수 없는 유한한 인생입니다. 제가 몰랐던 슬픔과 고통이 없는 천국에 영원히 갈 수만 있다면 저는 예수님을 지금 믿겠습니다.

적용하기_ 시편 119:18
"내 눈을 열어서 주의 율법에서 놀라운 것을 보게 하소서"

간절한 기도

제한된 곳에서밖에 살 수 없는 나약한 저를 예수님 구원하여 주소서. 아멘!

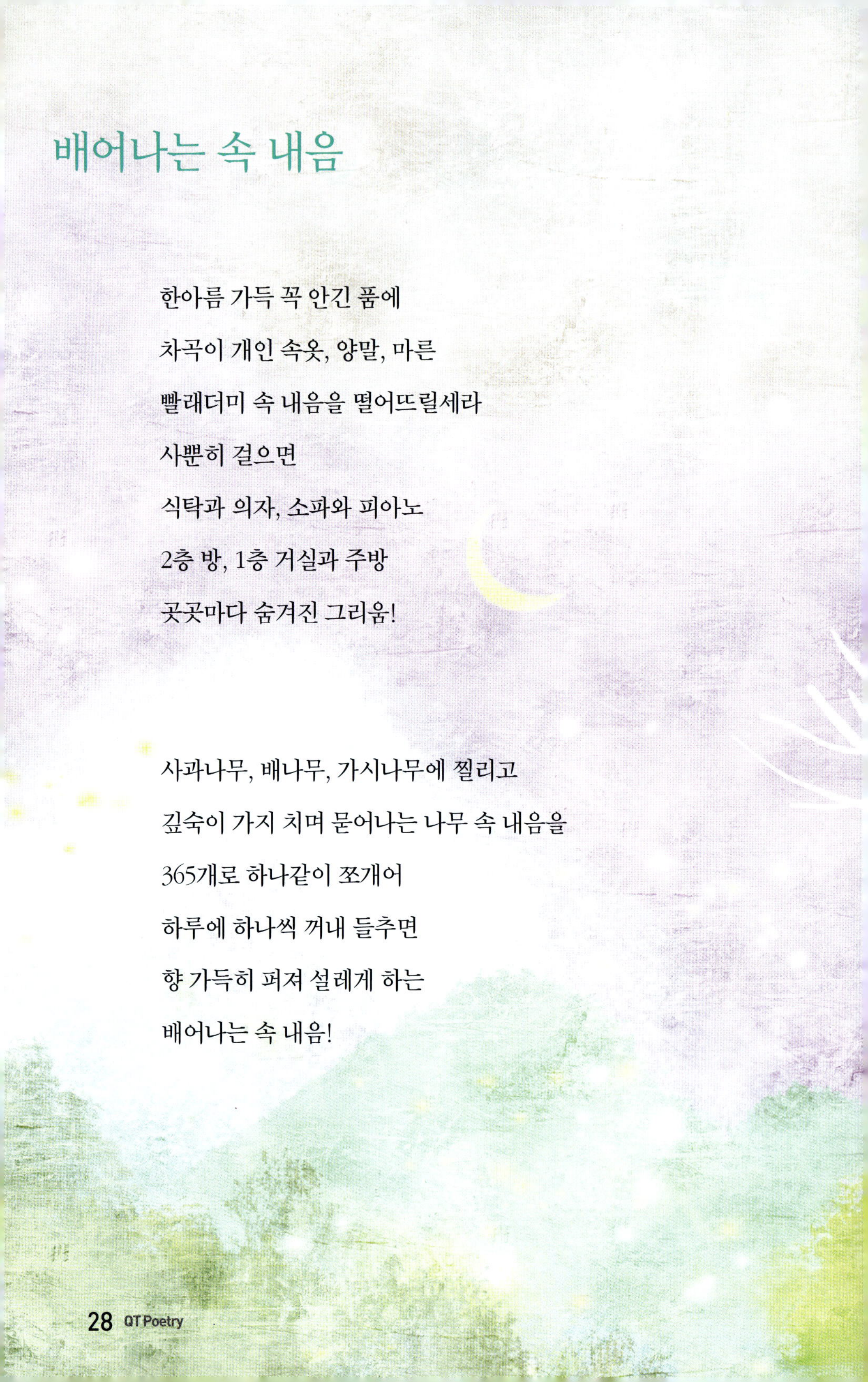

배어나는 속 내음

한아름 가득 꼭 안긴 품에
차곡이 개인 속옷, 양말, 마른
빨래더미 속 내음을 떨어뜨릴세라
사뿐히 걸으면
식탁과 의자, 소파와 피아노
2층 방, 1층 거실과 주방
곳곳마다 숨겨진 그리움!

사과나무, 배나무, 가시나무에 찔리고
깊숙이 가지 치며 묻어나는 나무 속 내음을
365개로 하나같이 쪼개어
하루에 하나씩 꺼내 들추면
향 가득히 퍼져 설레게 하는
배어나는 속 내음!

하나님을 모르는 '나'

1년 365일 모든 날들이 내 것인 양 내 맘대로 살았습니다. 온갖 추억이 있는 장소들마다 배어 있는 향기가 있습니다. 하지만 누릴 줄만 알았을 뿐, 만물을 주신 분이 누구인지는 생각하지 않았습니다. 앞으로 일 년뿐 아니라 하루하루를 허락하신 하나님께 감사하며 살겠습니다.

또한 나는 어디에서 왔다가 어디로 가는지도 모릅니다. 천지 만물의 조화를 보며 용기를 내어 하나님을 믿겠습니다. 그리고 당신의 아들 예수님을 믿고 천국 가길 원합니다.

적용하기_ 시편 119:19

"나는 땅에서 나그네가 되었사오니 주의 계명들을 내게 숨기지 마소서"

간절한 기도

특별히 큰 축복이 아니어도, 날마다 생명 주신 은혜를 감사합니다. 하루하루를 소중하게 예수를 믿음으로 살게 하옵소서. 아멘!

나의 수락산

삶이 아름다웠노라고
훗날 하늘에 가서 외치겠다던
천상병 시인

그가 늘 노닐던 수락산이어서일까
산길 모퉁이마다 세워진 그의 시판들에
산사람들의 손길이 간다

주아 아빠가 산을 오르며
당연한 듯 중얼거리는 말
"사는 것이 의무니 잘 살아야지요"

영국 호수 지방

영국 호수 지방

아마도 시인을 닮아
삶에 순응하듯 저도 모르게
튀어나오는 말이리라

초등 1년 귀여운 주아가
아빠 곁에 걸으며 자랑스레 하는 말
"저기 내 학교가 엄마가 다니던 학교에요" 한다

아이부터 어른까지 대대로 마음 따뜻하게
정 깊어가는 수락산 마을인들!

비록 첩첩하다 할지라도 이젠
나의 수락산을 찾아 떠나야 한다
산처럼 포근한 마을 사람들처럼…

05일 나의 수락산

자기 마을의 유산을 잘 지켜 나가는 수락산 마을 사람들은 천상병 시인의 대표 시처럼, 삶을 아름답게 살기 위해 최선을 다하는지도 모를 일이다. 그저 보고 배우는 것이 사람의 속성이라면, 아마도 수락산 마을인들은 어느새 천 시인이 다 되었다.

애완견을 보고 그 주인의 얼굴을 보면, 이미지가 닮아 있다. 그래서 부부와 친한 친구가 서로 닮아간다. 서로 미워하면 피차 못생긴 얼굴로 바뀔 것이고, 서로 행복하면 웃는 모습이 닮게 된다. 우리는 '성령' 과 한 몸이다. 늘 예수의 마음을 품으면 같은 마음이 되고, 늘 예수를 생각하면 함께 살게 된다.

하나님의 말씀

도움_ 시편 121:1, 2 내가 산을 향하여 눈을 들리라 나의 도움이 어디서 올까 나의 도움은 천지를 지으신 여호와에게서로다

성령_ 다니엘 5:14 내가 네게 대하여 들은즉 네 안에는 신들의 영이 있으므로 네가 명철과 총명과 비상한 지혜가 있다 하도다

축복하는 기도

주님 명령하신 대로 주님을 따르며 주의 제자 삼기 원합니다. 참된 희생의 본이 되신 예수 닮게 하옵소서. 주님!

하나님을 모르는 '나'

철 따라 산과 바다로 강과 계곡으로 잘 놀러 다녔지만, 산천이 저절로 생긴 줄 알았습니다. 인생조차도 숨쉬고 잠을 자고 깨고 오장육부가 스스로 작용하는 줄 알았습니다. 그러나 지금 생각해보면 어떤 것도 우연히 일어날 수 없음을 고백합니다.
진화론도 이미 과학의 한계를 드러냈고, 어떤 과학자도 인류의 시작을 확신 있게 말하지 못합니다. 그런데 성경만이 확신 있게 '하나님' 이라고 말합니다.
근거 없는 말들이나 또 '창조론' 이 잘못되었다는 증명이 안 되는 측면에서, 오히려 '창조론' 이 신빙성 있게 보입니다. 앞으로는 내 '생명' 을 위해 필요한 모든 것을 제공해 주신 하나님께 감사하며 살겠습니다.

적용하기_ 시편 119:18
"내 눈을 열어서 주의 율법에서 놀라운 것을 보게 하소서"

간절한 기도

세상을 '창조' 하신 하나님! 나를 영원히 살리시려고 십자가에서 돌아가신 예수님을 믿습니다. 아멘!

나의 왕

클로버가 무성한 곳
잔디를 스치며
바람 길을 만들다

어느새 손 안에
들어와 있는 행운의
네 잎 클로버!

종의 모습도
마다하지 않는
겸허한 왕의 길

머슴으로 살아 온
나의 왕을 찾은
바로 그 날!

여왕은 스스로
왕관을 내려놓고
왕비가 되고

같이 일하던 종들도
온갖 만물들도
기뻐~ 뛴다!

영국 런던 Hyde park(버킹엄 궁 가는 길)

영국 윈저 Great park, Long walk(윈저 성 가는 길)

06일 나의 왕

우리는 아담과 이브가 죄를 지은 이후로 그저 죄인이라는 말에 익숙해져 있다. 그러나 예수 그리스도를 믿음으로 우리는 다 왕 같은 제사장이 되었고 '왕' 으로서 세상을 다스리는 삶을 살아야 한다. 그러므로 우리에게 필요한 건 '용기' 와 세상을 다스릴 만한 '믿음' 이다.

주님의 세 가지 직분을 말하면 선지자, 제사장, 왕을 말한다. 선지자처럼 '복음' 을 전하고, 제사장으로서 늘 깨어 '기도' 하는 사람은 이제 '왕' 으로 오신 예수님을 따라 살면 된다. 군림하는 왕이 아닌 예수님처럼 죽기까지 복종하는 겸손한 왕이 되어야 한다. 이것이 우리가 사는 동안 내내 풀어 가야 할 어려운 숙제이다. 우리의 힘으로는 할 수 없지만 주께 의지하면 은혜를 주실 것을 믿는다.

하나님의 말씀

겸손_ 마태복음 23:12 누구든지 자기를 높이는 자는 낮아지고 누구든지 자기를 낮추는 자는 높아지리라

나의 종_ 이사야 41:9 내가 땅끝에서부터 너를 붙들며 땅 모퉁이에서부터 너를 부르고 네게 이르기를 너는 나의 종이라 내가 너를 택하고 싫어하여 버리지 아니하였다 하였노라

찬양함_ 시편 150:6 호흡이 있는 자마다 여호와를 찬양할지어다 할렐루야

축복하는 기도

하늘나라의 왕자와 공주로서, 세상을 다스릴 줄 아는 '능력' 있는 왕이 되게 하옵소서. 주님!

하나님을 모르는 '나'

나는 지금까지 스스로 왕이 되어 나 외에는 잘난 이가 없다고 생각할 만큼 마음이 높았습니다. 아니 어쩌면 제일 못났기 때문에 세상에서 허세를 부리며 더 큰소리 쳤는지도 모릅니다. 그러나 오늘 세상의 어떤 권력자와 비교할 수도 없는 높으신 하나님이 계신다는 것을 생각해 봅니다.
그의 아들이 왕좌를 버리고 인간으로 세상에 오셔서 겸손한 왕이 되신 것도 깊이 생각합니다. 이제부터 교만한 마음을 버리고 하나님을 섬기는 겸손한 사람이 되겠습니다.

적용하기_ 시편 119:19

"나는 땅에서 나그네가 되었사오니 주의 계명들을
내게 숨기지 마소서"

간절한 기도

나를 천국으로 인도하기 위해 아들 '예수님'을 세상에 보내셨습니다. 그 겸손한 왕을 믿겠습니다. 아멘!

기독교를 핍박하는 나라 영국 I -일기문

이 글은 실제로 EACF가 학교로부터 핍박받은 이야기임

4 오직 모든 일에 하나님의 일꾼으로 자천하여 많이 견디는 것과 환난과 궁핍과 고난과 5 매 맞음과 갇
힘과 난동과 수고로움과 자지 못함과 먹지 못함 가운데서도 6 깨끗함과 지식과 오래 참음과 자비함과
성령의 감화와 거짓이 없는 사랑과 7 진리의 말씀과 하나님의 능력으로 의의 무기를 좌우에 가지고
8 영광과 욕됨으로 그러했으며 악한 이름과 아름다운 이름으로 그러했느니라 우리는 속이는 자 같으
나 참되고 9 무명한 자 같으나 유명한 자요 죽은 자 같으나 보라 우리가 살아 있고 징계를 받는 자 같으
나 죽임을 당하지 아니하고 10 근심하는 자 같으나 항상 기뻐하고 가난한 자 같으나 많은 사람을 부요
하게 하고 아무 것도 없는 자 같으나 모든 것을 가진 자로다 고린도후서 6:4-10

United Kingdom

십자가가 새겨진 영국 국기 '유니온 잭' (Union Jack)

영국에서 유일한 대학 내 '한인 공동체' EACF

10년이 넘는 영국에서의 삶은 여러 가지 잡다한 지식을 낳게 한다. 경험이 바탕이 되기도 하고 간접적으로 체험을 하기도 한다. 개별적으로 좋아하는 부분은 과장되기 마련이고, 관심이 없는 부분은 아마도 무시될 것이다.

내가 속한 EACF(East Asian Christian Fellowship) 공동체는 '런던대학 로얄할로웨

이 칼리지' 에 등록되고 그들에 의해 이름 붙여진 공식 기독 단체이다. 우리 대학은 아름다운 본관으로도 유명하다. 본관의 규모도 영국에서 제일 크다.
가까이 옥스퍼드나 케임브리지 등의 대학가 주변에는 여러 개의 한인교회들이 있다. 그러나 EACF는, 영국 대학 안 채플에서 한인 목회자가 유일하게 주일 예배를 드리는 곳이다. 벌써 17년째 예배를 드려오지만, 한인교회(Korean Church)로서 예배만 드렸을 때는 학교로부터 별다른 제재가 없었다. 하지만 4년 전 한인교회라는 틀을 벗어나면서부터 서서히 핍박은 시작된다. 동성연애자가 성공회 담당교목으로 들어오고, 채플 사용에 제한을 두더니만 채플 한구석에 모든 종교를 위해 채플이 사용된다는 글을 붙여 놓기도 한다.
10년 넘게 '한인교회' 로 있다가 모임 이름을 EACF(East Asian Christian Fellowship)로 학교 측의 동의하에 바꾸게 되었다. 점차 예배 전체를 영어화하고,

런던대학 로얄할로웨이 칼리지 본관

막대 사탕

모양도 예쁜 막대 사탕 하나를 골라
꽁꽁 싸인 껍질 밑둥을 어렵사리 벗겨
입 속에 넣는다

하루 종일 감미로운 박하 향이
입 안 가득 감돌고 깨물수록
그 매혹적인 맛에 폭 빠져드는 때

영국 런던 시내

영국 포츠머스 장터

문득 들려오는 여보! 라는 말은
볼에 불룩 튀어나온 사탕이 꽉 찬 볼을
빨갛게 달아올라 수줍게 하고

또 들려주는 여보! 라는 말에
입가에 튀어나온 막대처럼 꼼짝할 수 없게
붙들려서 별스런 막대 사탕이 되고
달콤한 삶의 희망이 된다

07일 막대 사탕

낭만의 도시 프랑스 파리에서 친구가 날라온 예쁜 '막대 사탕' 이 십여 가지! 런던에서 맛보는 파리의 정취란 참으로 사랑스럽다. 세상에서 제일 달콤한 말이 '여보' 라고 한다면 새콤달콤한 막대 사탕과 견줄 만하다.
세상의 것도 이렇게 달콤한데 하물며 아들을 내어 주신 하나님의 사랑은 얼마나 더 달콤한 사랑일까? 이런 사랑을 넘치게 받고 있는 우리다. 이제 남은 건 이 기쁨의 순간들을 뺏기지 않게 자기 자신을 지키는 것이다. '성을 빼앗는 것보다 자신을 다스리는 것이 더 낫다' 는 잠언 16장 말씀을 생각하자.

하나님의 말씀

확증_ 로마서 5:8 우리가 아직 죄인 되었을 때에 그리스도께서 우리를 위하여 죽으심으로 하나님께서 우리에 대한 자기의 사랑을 확증하셨느니라
간구함_ 히브리서 7:25 자기를 힘입어 하나님께 나아가는 자들을 온전히 구원하실 수 있으니 이는 그가 항상 살아 계셔서 그들을 위하여 간구하심이라

축복하는 기도

우리에게 주신 어떠한 달콤한 것들보다, 주님과의 첫 만남과 첫사랑의 감격을 잊지 않게 하옵소서. 주님!

하나님을 모르는 '나'

세상에서 비록 한때지만 달콤한 사랑의 순간도 기쁨의 순간도 있었습니다. 마치 막대 사탕처럼 연인의 사랑이 그렇지요. 하지만 시간이 지나면 모두 사라질 것들임을 잘 압니다. 세상 것도 한때는 이렇게 아름다운데 '하나님의 사랑' 은 얼마나 더 달콤한가요?

영원히 살아 계신 분, 하나밖에 없는 아들을 구원의 제물로 주신 분, 그것이 나를 위한 사랑이라면 그 크신 사랑을 받아들이겠습니다. 그동안 하나님을 모르고 살아온 흉악한 죄를 용서하여 주옵소서!

적용하기_ 시편 119:18

"내 눈을 열어서 주의 율법에서 놀라운 것을 보게 하소서"

간절한 기도

사랑의 예수님과 '첫사랑' 을 기대합니다. 변치 않고 사랑하는 내가 되겠사오니 나를 사랑으로 구원하여 주옵소서. 예수님!

상념

식탁 아래로 기어 다니며 들락거리는
장난꾸러기들의 사랑스런 모습 –

한겨울 돋아나는 푸르른 잔디에
숨길 수 없는 마음 –

돌아보면 불현듯 나타나는
상념이 포착한 식지 않는 열정 –

베어내도 아프지 않을 탄탄한
방어벽을 넘나드는 믿음!

영국 맨체스터

영국 가로등

영국 포츠머스 거리

영국 포츠머스 거리

입맞춤

산더미같이
쌓인 일에
청소며 빨래며
해야 하지만

더듬이로 살짝
틈 사이로
무엇이 또
스쳤을까!

연거푸
입맞춤에 놀란
부푼 입술이
두근두근

눈치 없는 시간도
한눈을 파는
완벽한
휴식의 시간!

09일 입맞춤

창세기 1장에서 우리는 주님의 명령을 듣는다. 세상을 정복하고 다스리라는 명령이다. 하지만 우리네 인생은 쉬지 않고 일할 수는 없다. 아가서의 표현대로, 예수님과의 첫사랑의 관계를 사랑으로 계속 유지하고 지속하는 것은 우리가 가장 먼저 회복해야 하는 과제이다. 그럴 때 우리의 헌신과 희생은 성령의 열매를 맺을 수 있기 때문이다.

주님과 입맞춤으로 첫사랑을 하던 때로 돌아가자. 또한 평안한 하나님 아버지의 품으로 들어가자. 이것은 지친 몸과 마음이 쉴 수 있는 최선의 방법이다.

하나님의 말씀

쉼_ 마태복음 11:28 수고하고 무거운 짐진 자들아 다 내게로 오라 내가 너희를 쉬게 하리라

입맞춤_ 아가서 1:2 내게 입맞추기를 원하니 네 사랑이 포도주보다 나음이로구나

사랑_ 마태복음 22:37 예수께서 이르시되 네 마음을 다하고 목숨을 다하고 뜻을 다하여 주 너의 하나님을 사랑하라 하셨으니

축복하는 기도

끊임없이 연애를 거시는 변치 않는 사랑에 감동하게 하옵소서. 주님!

하나님을 모르는 '나'

세상을 살면서 사랑하며 그리고 충분한 휴식을 취하기도 했습니다. 하지만 '나의 영혼' 에 대해서는 보이지 않아서인지 별로 관심이 없었지요. 나의 '영혼' 을 위해, 또 참된 '안식' 을 위해 예수를 믿어야 한다는 것이 잘 이해가 안 갑니다.
쉬지 않고 지금까지 앞만 보고 달려왔습니다. 어찌 보면 모두 허망한 것뿐입니다. 개인의 종말의 순간에 아무 준비 없이 혹시 믿지 않던 천국과 지옥의 기로에 선다면 정말 두려운 일입니다. 이제부터라도 나의 '영적인 삶' 을 위해 예수 믿기를 소원합니다.

적용하기_ 시편 119:18
"내 눈을 열어서 주의 율법에서 놀라운 것을 보게 하소서"

간절한 기도

나를 사랑하셔서 지옥으로 안 보내시고, 예수 믿어 반드시 천국으로 인도하려는 그 사랑을 믿습니다. 아멘!

사랑해

새끼 새 입 속으로
넣어주는 먹이 같은
'사랑해'

목을 타고 흘러내려
가슴에 콕콕 박힌
'사랑해'

팔딱이는 심장 속으로
스미는 바뀌지 않을
'사랑해'

진실과 거짓의
임계점에서
머뭇거림도 잠시

격려와 배려 속에서
여전히 저울질하는
'사랑해'

영국 호수 위의 백조

영국 Staines 템즈 강줄기

10일 사랑해

이슬람을 배경으로 태어난 이들이 즐겨 악용하는 성경 구절이 '이에는 이 눈에는 눈' 이다. 약한 자에겐 얄팍한 긍휼을, 강한 자에겐 잔인하리만큼 혹독한 앙갚음을 한다. 인간 사랑의 한계를 여지없이 보여주는 율법의 왜곡된 단면임이 분명하다. 그러나 우리는 서로 사랑하며, 사랑의 완성자 '주님' 으로부터 외투를 덧입는다. 의심하지 않는 사랑, 배신 없는 사랑을 배운다. 영혼까지, 영원히 살리시는 '주' 께 춤을 추며 감사와 찬양을 드린다.

하나님의 말씀

영생_ 로마서 6:22, 23 죄의 삯은 사망이요 하나님의 은사는 그리스도 예수 우리 주 안에 있는 영생이니라

유익함_ 고린도전서 13:3 내가 내게 있는 모든 것으로 구제하고 또 내 몸을 불사르게 내줄지라도 사랑이 없으면 내게 아무 유익이 없느니라

사랑_ 고린도전서 13:13 그런즉 믿음, 소망, 사랑, 이 세 가지는 항상 있을 것인데 그 중의 제일은 사랑이라

축복하는 기도

사랑을 저울질하지 말고, 기쁨으로 헌신하는 사랑을 선택하게 하옵소서. 주님!

하나님을 모르는 '나'

세상에서는 속임을 당하거나 속이거나 해야만 비즈니스를 합니다. 순수한 사랑을 생각 않고 살아 온 지가 언제부터였는지 까마득합니다. 그것을 회복한다 해도 여전히 저울질할 수밖에 없는 것이 인간의 '죄의 본성' 일 겁니다. 절대자 하나님 외에는 의심 많은 우리, 죄 많은 나를 근본적으로 용서해 주실 분이 없음을 압니다. 또한 그분의 아들 예수만이 십자가에서 죽으심으로 나를 온전히 사랑하신 것을 믿습니다. 저울질하지 말고 예수를 믿어 구원에 이르기를 원합니다.

적용하기_ 시편 119:19

"나는 땅에서 나그네가 되었사오니 주의 계명들을 내게 숨기지 마소서"

간절한 기도

고집불통인 나를 끝까지 사랑으로 인내하신 하나님! 나의 '죄' 를 위하여 십자가에 달려 돌아가신 예수님! 그 크신 사랑을 믿습니다. 아멘!

얼굴 ^^

(소리 없이 미소 띤 얼굴로 다가와)

"음-- 뭐해요?"

(깜짝 놀라며)

"언제 왔어요!"

(연신 미소를 띠며 바싹 다가와)

"음-- 방금"

(한참 동안 말없는 눈빛에 설레며)

"할 말 있어요?"

(언제라도 반할 듯한 얼굴로)

"음-- 잘하고 있어요."

149
DW 332
ARRIVA
LJ60 AXR
Liverpool Street 8
Stagecoach
V172 MEV

영국 런던 상징 '이층버스'

영국 맨체스터 공항으로 가는 길

들꽃과 갈대

부둥켜안고 매달리다
못내 떨어지는 물 떼
긴 폭포수가 만들어 낸
좁고 가파른 층계

까치발을 한 침엽수들이
서로 벌침을 놓으며
사랑스런 키 재기를 한다

◈

속 깊은 산골 갈대바람
숲 속에서 나는 갈 빛
제멋에 폭 빠진
형형들이 들꽃 잎들이

가녀린 허리춤을 단단히 채고는
아프도록 떨구는 햇살 비를
힘있게 받쳐든다

◈

뒤엉겨 버린
들꽃과 갈대 사이

이제 떼어 내면
허리가 끊어질 이들이다

의 세력이 종교의 자유라는 울타리를 이용하고 있기 때문이다. 타 종교 집단들은 세상의 권력과 돈으로 이러한 종교의 자유를 확보하고 쉽게 누리고 있다.

몇 해 전 성탄절이 금요일이었을 때, 우리는 예배 장소로 두 개의 강의실을 예약했다. 그때 '지역' 모슬렘들이, 우리가 예약한 비어 있는 한 강의실로 신발을 벗고 들이닥치는 게 아닌가! 이중으로 예약이 된 것 같았다. 항의하는 우리의 손을 학교측 관계자도 쉽게 들어 주지 못하고 난처해 한다.

무례하기 짝이 없는 그들의 힘은 '집단 이기주의' 그 자체였고, 그 결집력은 두려울 것이 없어 보인다. 결국 그들과 우리는 나란히 옆 강의실에서 모임을 가졌다. 이 '지역' 모슬렘들이 학교에 돈을 내고, 매주 금요일마다 강의실을 빌려 '기도 처소'로 사용하고 있음을 나중에 알았다.

우리 교회(East Asian Christian Fellowship 동아시안 기독 공동체)는 예배 장소를 사용하기 위해 학교측에 어떠한 돈도 내지 않는다. 그것은 우리의 '믿음'이다.

학교 채플의 원래 목적은 '예배'를 드리는 것이고, 하나님께서 우리에게 주신 '권리'이기 때문이다. 이런 '타협하지 않는 믿음'은 사탄이 우리를 공격할 좋은 빌미가 되었는지도 모른다.

몇 달 후 채플에서 예배를 드리지 말라던 행정 부서에서 면담 요청이 왔다. 마침내 면담을 통해 주일 예배를 사수할 수 있게 됐다. 이 얼마나 놀라운 하나님의 능력인지, 연약한 우리를 도우시는 강한 주님께 다시 한번 찬양드린다.

"수금으로 여호와를 찬양하라 수금과 음성으로 찬양할지어다" 시편 98:5

현재 EACF가 예배드리는 영국 로얄할로웨이 채플

Quiet Time Poetry

큐티 시, 사진, 해설, 기도

(13 – 18일)

당신

(쓰러질 듯 현관문을 여는 나를 보며)
“왜 그렇게 아프고 그래요?”

(쓰러지듯 안기며)
“뭘 이제 와서 새삼스레 그래요”

(가슴으로 꼭 안아주며)
“늘 이렇게 아팠어요?”

(속삭이듯이)
“당신이 떠난 7년 전부터 아팠어요”

영국 런던 택시 ‘블랙캡’

영국 런던 옥스퍼드행 이층버스

(그때 이층에서 들리는 말)
"정말 간지러워서 못 듣겠네~"

(몰래 하던 사랑을 들키기라도 한듯)
"요즘 아이들 말로 손발이 오그라드네요!" 하며
휑하니 —
미끄러지듯 —
뜨거운 가슴을 떼며 —
다시 떠나는 —
귀여운 당신!

13일 당신

새벽기도를 다녀온 그녀들이 연약한 나를 안고 울며, 웃는 이야기이다. 주님은 변함없이 같은 곳에서 기다리고 계신다. 오직 우리만이 왔다갔다 변덕을 부린다. 한결같으신 주님의 품을 만족하며 사는 우리가 될 수 있기를 소망한다.
우리가 떠났을 때 주님은 얼마나 아프셨을까? 누군가를 기다린다는 건 매일 매일이 고통의 연속이다. 혹시 만족하지 못하고 불평하며 주의 품을 떠났다면 영원토록 기다리시는 주님께로 귀환하자.

하나님의 말씀

붙드심_ 히브리서 13:5 돈을 사랑하지 말고 있는 바를 족한 줄로 알라 그(하나님)가 친히 말씀하시기를 내가 결코 너희를 버리지 아니하고 너희를 떠나지 아니하리라 하셨느니라
보혈_ 히브리서 10:19 그러므로 형제들아 우리가 예수의 피를 힘입어 성소에 들어갈 담력을 얻었나니

축복하는 기도

때때로 주님의 품을 떠났을 때도 변함없이 붙들어 주시는 주님, 그 주님의 품으로 돌아와 평안하게 하옵소서!

하나님을 모르는 '나'

세상에 나기 전 어머니 태중에 있었던 때를 나는 결코 기억하지 못합니다. 아기 때 엄마 젖을 먹던 그 품도 기억하지 못하구요. 그러나 그것을 부정하는 사람은 아무도 없습니다. 이와 같이 하나님은 살아 계시고, 영원한 생명을 주시기 위해 무언가 준비하셨다면 하나님의 계획을 알고 싶습니다.

영원한 생명은 나를 위한 것이고, 내가 나기도 전부터 이런 계획이 있었다니 내 기억에 없다고 있는 사실이 없어지진 않겠지요. 이제 그 사랑을 모두 받아들이겠습니다.

적용하기_ 시편 119:18

"내 눈을 열어서 주의 율법에서 놀라운 것을 보게 하소서"

간절한 기도

육신의 아버지 말고도 '영혼'을 위한 아버지 하나님을 믿습니다. 모든 것이 예수님의 희생임도 믿습니다. 아멘!

꼬마가 운다

회색 *개나리봇짐이
동동 매달린 등
어깨 끈 질끈 동여 메고
뒤뚱거리다

재잘대는 동무들 뒤로
한 키 작은 꼬마가
선생님 손과 발에 맞춰
뛰며 운다

◈

널따란 바위에 올라
다리를 곧게 뻗어
아픈 발톱 숨쉬게
단화도 양말도 벗어던지다

흩어진 신문지를 양탄자 삼고
천 가방을 이불 삼아
가을 초입 푸른 하늘 보려는 때에
꼬마가 운다

앞선 동무들의 발자국
좇아 뛰어가도
못 미치는 발걸음

못난이 풀들이
곧 뽑힐 듯 박힌 채
힘없는 동무가 되어
꼬마와 함께 운다

◈

등뒤 바위 끝에 걸터앉아
쉬어가는 할미 부부가
토닥거리며 싸우는 소리에도
아랑곳하지 않고

흔한 새의 지저귐에
발 맞추어 앞을 향해
꼬마가 울며 뛴다

*표준어: 괴나리봇짐

영국 스테인즈 산타 달리기 대회

영국 런던 '차이나타운'

14일 꼬마가 운다

삼각산 등산로 초입에서 유치원생들의 등산 행렬을 보다가, 뒤처진 키 작은 아이가 선생님 손에 이끌려 울며 떼듯 하는 광경을 본다. 울어도 포기하지 않고 앞선 친구들 뒤꽁무니를 쳐다보며 뛰어가는 작은 아이가 사랑스럽다.
임마누엘의 하나님은 언제나 우리와 함께하신다. 기쁠 때도 슬플 때도 늘 동행하신다. 어쩌면 우리는 늘 뒤처져 주님의 손에 이끌려 가는지도 모른다. 그래도 포기하지 않는 우리를 칭찬해 주시는 주님은 참 '선생' 이시다.

하나님의 말씀

믿음_ 디모데후서 4:7 나는 선한 싸움을 싸우고 나의 달려갈 길을 마치고 믿음을 지켰으니
능력_ 이사야 41:10 두려워하지 말라 내가 너와 함께 함이라 놀라지 말라 나는 네 하나님이 됨이라 내가 너를 굳세게 하리라 참으로 너를 도와주리라 참으로 나의 의로운 오른손으로 너를 붙들리라

축복하는 기도

울며 가더라도 포기하지 않는 저희를 축복하여 주옵소서. 주님!

하나님을 모르는 '나'

지금껏 살면서 부모 형제 외에는 저를 지켜보는 이가 없었습니다. 하지만 지금은 그들도 내 이기심 때문에 각각 떠나 보냈는지도 모릅니다. 무엇을 하든 안 하든 혼자서 결정하고 모든 것을 내 의지로 했습니다. 그러나 하나님을 잘 믿는 이들은 당신께 기도하고 의지하며 어찌 보면 나약해 보입니다. 어디 기댈 곳 없는 제가 이제라도 인간의 한계를 인정하고 살아 계신 하나님을 따르겠습니다.

하나님을 안 후, 끝까지 포기하지 않게 하시고 나도 그들처럼 세상에서 격려 받기를 원합니다. 살아 계신 하나님, 나에게 평안을 주시고 나의 손을 붙들어 주옵소서!

적용하기_ 시편 119:19

"나는 땅에서 나그네가 되었사오니 주의 계명들을
내게 숨기지 마소서"

간절한 기도

어린아이 같은 신앙을 시작하는 나를 축복하시고 동행하여 주옵소서! 당신의 아들 예수님을 믿습니다. 아멘!

영국 런던 타워브리지의 낮

영국 런던 타워브리지의 밤

허물 껍데기

반 백 년 내내
팔뚝과 허벅지에 더덕거리는
허물 껍데기들!

맨발로 부딪쳐 사노라면
이것이 허물일지 죄일지

오로지 하늘 잣대에
올려 드릴 일이다

◈

횟집 수족관 새우처럼
곧 죽어도 벗을 수 없는
죄의 껍질!

밤새우던 별들이 제 빛을 잃고
스스로 돌이 되어
매질을 한다 해도

죄든 영겁의 허물이든
하늘 법이 결정할 일이다

◈

별빛에 수놓은
이불을 덮었어도
잠 못 이루는 밤!

밤새
숨소리 모깃소리에 숨죽이다
곧 별 맞아 죽을 죄라 한들

훌훌
허물 벗은 나비 되려
하늘 저울에 올릴 일이다

15일 허물 껍데기

살면서 아무리 회개를 하여도 여지없이 더덕거리는 '죄의 껍질'로 둘러싸여 살 수밖에 없는 게 우리다. 예수를 믿는 것이 우리에게는 죄가 아니지만 다른 나라에서는 예수를 믿는 것이 죄이기도 하다. 하지만 하늘 법에서는 예수를 믿지 않는 것이 영원히 멸망할 죽을 죄인 것이다.
때때로 세상 법에서 죄라고 해도 하늘 법에 탄원할 수 있는 것이 우리 믿는 이들의 특권인지도 모른다. 참으로 홍미롭고 시공간을 초월하며 사는 우리의 영적인 삶의 한 단면이다. 또한 날마다 회개하는 삶은 영적인 전쟁터에서 결코 뒤로 물러서지 않는 '자신감'을 준다.

하나님의 말씀

비판함_ 마태복음 7:1 비판을 받지 아니하려거든 비판하지 말라
징계함_ 히브리서 12:7 하나님이 아들같이 너희를 대우하시나니 어찌 아버지가 징계하지 않는 아들이 있으리요
들음_ 히브리서 4:7 오늘 너희가 그의 음성을 듣거든 너희 마음을 완고하게 하지 말라

축복하는 기도

세상에서 천국의 맛을 보면서 살게 하시고, 항상 자유하게 살 수 있도록 은혜를 주옵소서. 주님!

하나님을 모르는 '나'

지금껏 살면서 타인에게 큰 죄 지은 것 없이 깨끗하게 살아온 날들입니다. 솔직히 아무도 모르는 죄를 수없이 지으며 살았습니다. 하지만 이런 것들보다 하나님을 모르고, 예수를 믿지 않는 것이 하늘나라에서는 제일 큰 죄악이라는 것을 알았습니다.

잠깐 다녀가는 이 세상의 죄에서 자유하기보다, 영원한 천국의 법에서 자유할 수 있도록 나를 '죄' 로부터 자유하게 하옵소서!

적용하기_ 시편 119:18

"내 눈을 열어서 주의 율법에서 놀라운 것을 보게 하소서"

간절한 기도

'예수' 를 믿어 참 자유를 얻고 영원한 생명에 이르기를 진심으로 원합니다. 하나님을 모르고 살아온 죄악을 용서하여 주옵소서. 아멘!

파도

갑판까지 출렁이며 걸려드는
깊게 패인 갈고리
어떤 염려스러움도
소용 없는 무공해의 시간

목표를 향해 죽은 듯
말이 없는 적막함
곱게 누운 채 잔잔하게
진동하는 나침반!

서툰 듯 비껴가며
뱃머리를 휘감고
오른편 왼편 한 아름씩
밀착되는 물결

양심의 티끌마저
떨쳐내는 엄숙함
찰싹대며 갈라지는
파도의 힘!

영국 호수 지방

영국 호수 지방

어머니

스물넷에 나를 낳으시고
이젠 한가히 소가 풀을 뜯듯
꽃밭에서 도시락을 먹습니다

제가 날라온 반찬은
꼭 한 편의 시

오늘 도시락은 조금만 날라오시고
대신에 귀여운 웃음
잊지 말고 챙겨 오세요

영국 런던 대학 로얄할로웨이 칼리지

영국 런던 대학 로얄 할로웨이 칼리지

흰 나팔꽃 머리에 얹기는
둘이 비슷하지만 100세를 바라보면
우린 모두 젊습니다

잠시 후
제가 어머니 나이 되어
이 강변 꽃밭으로 다시 소풍 오면

그 때 우리 서로
얼룩소마냥 웃겠습니다

17일 어머니

주의 말씀 따라 오늘은 주 안에서 육신의 어머니와 또 한 분의 기도하는 어머니를 엄마로 맞이한다. 주님이 말씀하신 대로 예수를 믿는 이들이 우리의 '새로운 가족 관계' 이다. 하지만 우리는 여전히 육신의 가족이 세상에서 잘 되는 것에 기도의 초점이 맞추어져 있다.

그러므로 좀더 적극적으로 하나님의 나라와 의를 위한 기도에 나서야 한다. 주의 이름으로 얻은 '새로운 가족' 을 돌아보아야 하는 새로운 책임을 져야 할 때다. 마음으로 족하지 말고 '행동' 으로 사랑을 나타내야 한다.

하나님의 말씀

아빠_ 로마서 8:15 너희는 다시 무서워하는 종의 영을 받지 아니하고 양자의 영을 받았으므로 우리가 아빠 아버지라고 부르짖느니라

상속자_ 히브리서 1:2 … 아들(예수)을 만유의 상속자로 세우시고 또 그로 말미암아 모든 세계를 지으셨느니라

형제_ 마태복음 12:50 누구든지 하늘에 계신 내 아버지의 뜻대로 하는 자가 내 형제요 자매요 어머니이니라 하시더라

축복하는 기도

현대인의 수명이 100세가 되어 갑니다. 늙으신 기도의 어머니들이 젊을 때처럼 기운차게 일하게 하옵소서. 주님!

하나님을 모르는 '나'

나의 가족은 혈육으로 또 법적인 관계로 이루어집니다. 그러나 하나님의 아들 예수를 믿는 사람들은 모두 한 형제가 되어 하나님을 '아버지' 라고 부른다구요? 제겐 어려운 얘기입니다. 나의 어머니는 아마 저를 위해 생명까지도 아낌없이 주시려고 할 겁니다. 그 사랑도 때로는 벅차서 오히려 투정을 하기도 하지요.
창조주 하나님의 사랑은, 자신의 독생자를 희생시켜서 사람을 구원하시는 다른 차원의 사랑을 말씀하십니다. 이것이 사실이라면 그 놀라운 사랑을 이젠 주저 없이 받아들입니다.

적용하기_ 시편 119:18
"내 눈을 열어서 주의 율법에서 놀라운 것을 보게 하소서"

간절한 기도

하나님을 '아버지' 라고 감히 부릅니다. 저를 예수의 이름으로 구원하여 주옵소서. 아멘!

코스모스 축제

도심 속 제 집 같은
시끌벅적한 축제를 찾아
옙골 마을 뜰에 핀
온갖 꽃들을 보러 몰려든다

강변 돗자리마다 피어나는
나팔꽃 같은 이야기들

시골길 목화밭 마당에
분수 같은 화관을 쓴
해당화가 활짝 웃는다

◈

매점에서는 추억의 하드들이
각각 손짓을 해도
차 키와 휴대폰과 지갑을

통째로 차 트렁크에 두고
세차게 닫아버린 후다

열린 장터에서 나는
찰옥수수 향내에 콧등도 솔깃
노상에서 간이 인쇄되어 나오는
즉석카메라 속 풍경

옛 코스모스 한들한들
흔들리는 동영상을 마음에 담고

지붕에 올라 한껏 주름진 누런 호박과
동동 달린 박들을 새겨 넣는다

◈

서로 잡아 줄 손 외에는
아무것도 없는
가난하지만 넉넉해진

무소유의 마음속에 가득 채워진
신나는 코스모스 축제!

영국 pub 축구 축제

영국 중세마을 Bourton on the water

18일 코스모스 축제

한강변 '코스모스 축제' 에서 벌어진 일이다. 싸온 도시락을 먼저 먹은 후, 모든 소지품을 트렁크에 넣고 닫아버린 순간 아무것도 없음을 알게 된다. 그래서 얻어진 것들을 모두 마음에 담는다.
많은 것들을 갖고 싶은 우리의 욕망 앞에서 무소유의 자유함을 배운다.
복잡한 머리 속에 잡다한 것들이 들어차면 '예수' 의 이름으로 정결케 하자.

하나님의 말씀

예수의 마음_ 빌립보서 2:5 너희 안에 이 마음을 품으라 곧 그리스도 예수의 마음이니
생명_ 디모데전서 6:18,19 선을 행하고 선한 사업을 많이 하고 나누어 주기를 좋아하며 너그러운 자가 되게 하라 이것이 장래에 자기를 위하여 좋은 터를 쌓아 참된 생명을 취하는 것이니라
마음_ 시편 119:32 주께서 내 마음을 넓히시오면 내가 주의 계명의 길로 달려가리이다

축복하는 기도

제가 주의 말씀을 듣고 깨달아 지혜를 얻어 성령으로 가득한 마음 되게 하옵소서. 주님!

하나님을 모르는 '나'

세상에서 원하는 것을 갖기 위해 살아온 나날입니다. 나의 유익을 위해 방법을 가리지 않고 살았는지도 모릅니다. 그래서 무소유의 삶은 매우 특별한 사람만 가능하다고 여겼습니다. 사람을 위한 축제가 계절별로 열리고 각기 사진을 찍기에 분주합니다. 그러나 실상 진짜로 남는 건 '마음' 속 깊은 곳에 있습니다.

열 길 물속은 알아도 한 길 사람 속은 모른다지만, 오직 하나님만이 나를 아십니다. 앞으로 당신과의 소중한 기억들을 '마음'에 담기를 원합니다. 하나님을 믿지 못하고 살아온 날들을 용서하세요.

적용하기_ 시편 119:19

"나는 땅에서 나그네가 되었사오니 주의 계명들을
내게 숨기지 마소서"

간절한 기도

살아 계신 하나님을 의심하지 않게 하시고, 그의 아들 예수님을 믿어 구원에 이르게 하옵소서. 아멘!

노숙자 '피아니스트 빌리' 집사

우리 EACF(East Asian Christian Fellowship) 공동체는, 영국에서 역사를 자랑하는 런던대학 중 한 칼리지인 로얄할로웨이(Royal Holloway College)에 정식 등록된 기독교 단체이다. 또한 매우 특별하게도 매주마다 학교 본관에 있는 채플에서 예배를 드린다. 영국은 모든 종교의 자유가 보장되며, 모든 종교는 외부적인 제약 없이 자유롭게 선교활동을 한다.

APPA(Action for Peace through Prayer & Aid) 공동체는 미국의 수도인 워싱턴 백악관 뒷골목에 자리하며 여전히 인종차별의 별처럼 떠오르는 가장 어두운 장소에 있다. 또한 백인의 노예였던 흑인의 자존감을 대상으로 사역하며, 흑인 특유의 근성을 변화시켜야 하는 부담도 있다. 그들의 흔한 춤사위는 뿌리 깊지 못해 타협하는 믿음의 깊이일지도 모른다.

노숙자들이 모여 세운 APPA공동체의 충성된 집사, '노숙자 피아니스트 빌리' 가 피아노를 치며 주님을 찬양하고 있다. 그가 처음 복음을 듣고 생수 한 병을 선물 받은 날, 그 더럽고 초췌한 모습 속에 주님이 함께 계셨을 거다.

우리 EACF 대학 공동체는 물과 음식이 넘치고, 명품 쇼핑을 주기적으로 하기 위해 비행기 티켓을 자유로이 끊는다. APPA 노숙자 공동체는 생수 한 병이 모자라 죽어가는 사람들을 대상으로 선교를 한다.

이 엄청난 차이점들 속에서, 우리의 공통 과제는 가난한 사람들에게 '예수' 의 이름으로 선을 행하는 것이다. 또한 부하든 가난하든, 예수를 모르는 '영적 노숙자들' 에게 복음을 전하기 위해 지혜를 짜내야 한다.

"내가(예수) 주는 물을 먹는 자는 영원히 목마르지 아니하리니, 나의 주는 물은 그 속에서 영생하도록 솟아나는 샘물이 되리라" 요한복음 4:14

워싱턴 D.C., APPA 센터 '피아니스트 빌리'

Quiet Time Poetry

큐티 시, 사진, 해설, 기도

(19 – 24일)

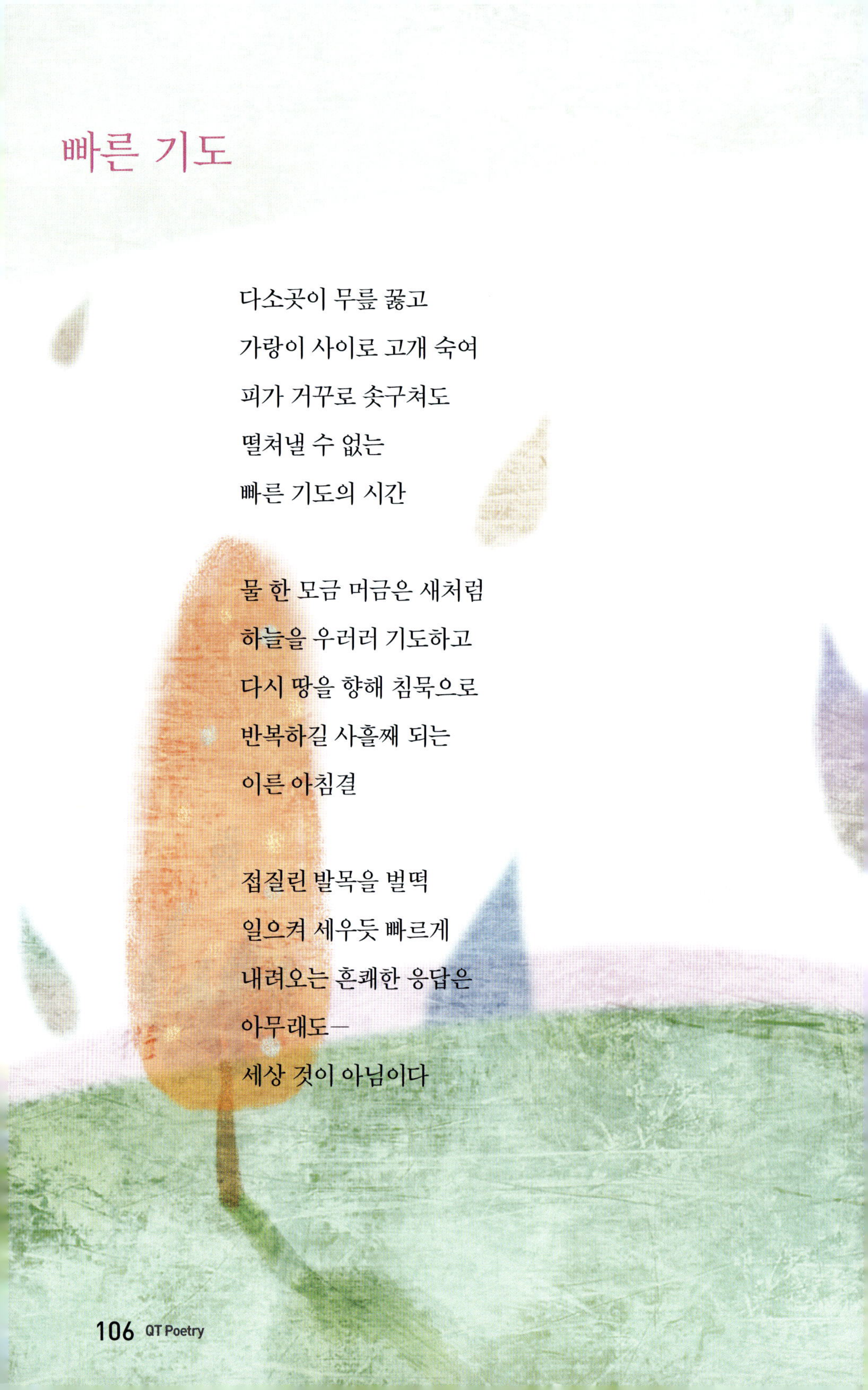

빠른 기도

다소곳이 무릎 꿇고
가랑이 사이로 고개 숙여
피가 거꾸로 솟구쳐도
떨쳐낼 수 없는
빠른 기도의 시간

물 한 모금 머금은 새처럼
하늘을 우러러 기도하고
다시 땅을 향해 침묵으로
반복하길 사흘째 되는
이른 아침결

접질린 발목을 벌떡
일으켜 세우듯 빠르게
내려오는 흔쾌한 응답은
아무래도—
세상 것이 아님이다

영국 교회 묘지

영국 교회 내부

은빛

낚시에 낚인 은빛 갈치가
사투를 하며 일으키는
은빛 물결의 저항

보석이 무수히 박힌
새끼손가락에 꼭 맞는
나비 모양 은빛 반지의 약속들

아침 햇살이 잠든 팔에
내려앉아 눈뜨게 하는
은빛 비늘 속 몸의 비밀들

본래의 은빛이
은빛 갈치인지
인육의 은빛 비늘일지
아니면 은빛 보석일지
혹 햇살은 아닐까?

영국 Burford

영국 Burford

20일 은빛

10년을 넘게 끼고 있던 반지를 하나씩 정인들에게 주었다. 빈 손가락에 찾아온 은빛 '나비' 반지와 금빛 '풍뎅이' 반지가 맘에 쏙 든다. 팔에 비친 아침 햇살이 피부 결을 비늘처럼 세밀하게 들추는 듯하다. 만물이 의미하는 것이 모두 다양할 뿐 아니라, 수많은 약속이나 저항 그리고 숨겨진 비밀들이 하나님 앞에서만 진실한 것임을 안다.
솔로몬처럼 세상 것이 모두 헛된 것임을 조금 지나면 알게 될 거다. 그러므로 가장 가치 있는 '빛의 근원' 이신 예수님을 생각한다. 사탄이 주는 세력들은 '성령의 역사' 에 완전히 패배할 수밖에 없다. 왜냐하면 '빛' 과 '어둠' 은 공존할 수 없기 때문이다.

하나님의 말씀

어둠_ 요한일서 1:5 하나님은 빛이시라 그에게는 어둠이 조금도 없으시다는 것이니라
빛_ 요한복음 8:12 예수께서 또 말씀하여 이르시되 나(예수님)는 세상의 빛이니 나를 따르는 자는 어둠에 다니지 아니하고 생명의 빛을 얻으리라

축복하는 기도

주님! 보석처럼 빛나는 삶을 '주' 를 위해, 그리고 나 자신의 성화를 위해 살 수 있기를 기도합니다. 아멘!

하나님을 모르는 '나'

태양은 저절로 혹은 우연이거나 과학에 의해서 우주 공간에 있다고 생각했습니다. 하지만 지구와의 거리가 조금만 멀면 생물은 모두 얼어 죽고, 조금만 가까우면 타서 죽습니다. 누군가 태양을 붙들고 주관하지 않으면서 우주가 우연히 유지된다는 것은 비상식적인 일이지요. 하나님이 없다고 말하는 것처럼 어리석어 보입니다.

태양처럼 변함없이 나를 따뜻하게 비춰주시는 '창조주' 하나님을 이제 믿습니다. 그 아들 예수님이 나를 구원하기 위한 '생명의 빛' 으로 오신 것도 믿습니다. '참 빛' 이 내게 있으니 과거의 '어두움' 은 어느새 사라짐을 느낍니다. 다시는 어두운 데 있지 않겠습니다.

적용하기_ 시편 119:19

"나는 땅에서 나그네가 되었사오니 주의 계명들을 내게 숨기지 마소서"

간절한 기도

한 줄기 '생명의 빛' 이 되시는 예수님, 당신을 믿어 천국으로 인도 받기를 원합니다. 아멘!

영국 맨체스터

영국 윈저성

속살 같은 비

꼬리 신은 발가락 사이로
물바람이 엉겨 붙고

우유 빛 하얀 비닐 봉지가
차갑게 종아리에 달라붙듯
맞아도 아프지 않을
속살 같은 비가 부르면

큼지막한 우산을 펴고
폴짝 뛰어 나간다

한 꺼풀 벗기지 못한 채
속 창살 부여잡고
힘겨루기를 하다

휘몰아치는 비바람에
손잡이만 남기고 부러진
속 창살 사이로

통째로 마셔도 좋을
속살 같은 비가 부른다

21일 속살 같은 비

영국은 한여름인 두세 달을 제외하고는 늘 비가 온다. 하지만 비를 좋아하는 이는 좋기만 하다. 일단 비를 맞으면 어떻게 비를 피할 수 있을까? 우산으로도 다 받칠 수 없을 만큼 비바람이 분다면 온통 비를 맞아 결국은 흠뻑 젖게 된다.
주님의 은혜를 '단비' 로 표현한다. '성령 충만' 한 상태와 같다. 내 잔이 넘치면 단비로 주변을 촉촉히 적신다. 주님이 주시는 은혜로 넘쳐 '성령 충만' 을 지속적으로 경험해야 한다. 은혜의 단비를 피할 수 없을 만큼 온통 흠뻑 맞으며 살자.

하나님의 말씀

영생수_ 요한복음 4:14 내(예수님)가 주는 물을 마시는 자는 영원히 목마르지 아니하리니 내가 주는 물은 그 속에서 영생하도록 솟아나는 샘물이 되리라
초대_ 이사야 55:1 오호라 너희 모든 목마른 자들아 물로 나아오라 돈 없는 자도 오라
심판_ 히브리서 4:13 지으신 것이 하나도 그 앞에 나타나지 않음이 없고 우리의 결산을 받으실 이의 눈앞에 만물이 벌거벗은 것같이 드러나느니라

축복하는 기도

세상 비가 좋아 맞고 다니는 사람들처럼 주님의 은혜의 비에 폭 젖어 성령 충만하게 하옵소서. 주님!

하나님을 모르는 '나'

때를 따라 저절로 비가 오는 줄 알았습니다. 내가 농부였다면 그 귀함을 좀 더 알았을 테지요. 수돗물, 샤워 물은 항상 원할 때 쓸 수 있기에 비를 내려 주시는 하나님께 특별히 감사함을 가지지 않았는지도 모릅니다. 나를 위해 주시는 물, 공기, 빛들까지 모두 공짜로 허락해 주신 하나님 감사합니다.

예수님이 '영원히 목마르지 않는 물' 이라고요? 예수를 믿어 영원한 생명을 얻고 평생 갈증을 느끼지 않는다면 세상에서는 맛볼 수 없는 축복입니다. 내 육체가 죽는다고 해서 나의 '영혼' 까지 죽지 않는다는 것을 상식적으로 압니다. 나의 '영혼' 이 복을 받을 수 있도록 예수 믿어 천국 가길 소원합니다.

적용하기_ 시편 119:18

"내 눈을 열어서 주의 율법에서 놀라운 것을 보게 하소서"

간절한 기도

나의 '영혼' 을 위해 영원히 목마르지 않는 '영생수' 이신 예수님을 믿습니다. 아멘!

잠 못 이루는 밤

푹 덮인 머그잔
뚜껑 속에서 소리 없이
떨어지는 물방울

초승달이 둥근 달이 되도록
가슴속 한숨을 토해내도
올곧게 악문 입술이
핏빛 되어 서러운 밤!

◈

바다가 산보다 많다는 건
세상에서 덮지 못할 일도 없다는 것

발끝을 향해 힘없이
빠져나가는 중력의 힘을
막을 길 없어 뺏겨 버린
무기력한 밤!

◈

이제 와서
'미안해 사랑해' 라고 한들

비녀 삼던 젓가락으로
콕콕 찔러 아픈 것을…

영국 런던아이 야경

영국 국회의사당 & 빅벤 야경

발가락이 아파요

파편조각들이 뇌 속에 박혀
서로 자리다툼하는 소리

갓 구워낸 빵의 열기가
코끝에 닿아 녹여내는
차가운 마음

약도 듣지 않는 듯
커피 한 모금에 두근거리는
박동소리

블랙베리 잼을
덕지하게 바른 빵
엉겨버린 뇌와 타는 심장을 위해
우기적거리는 소리

방금 온 그녀가 놀란 눈으로
"어디 아파요?" 한다

들켜버린 얼굴이기에
서둘러 둘러대는 말
'응, 발가락이 아파!'

안심한 듯 그녀가
"난 또~" 하며 해맑게 웃는
소리에 불현듯 스치는 깨달음!

그저 발가락이 아픈 것처럼
푸른 이성의 차디찬 머리로 피식하며
웃으면 될 일인 것을…

영국 에그험 Great fosters hotel, 로비

영국 에그험 Great fosters hotel, Tea time

23일 발가락이 아파요

주님이 원하시는 건 늘 감사하고, 늘 기도하고, 늘 기뻐하는 것이다. 하지만 우리는 여기에 '고통' 을 더해서 산다. 너무 슬퍼서 터질 것 같아도 그것을 끌어안고 놓지를 못한다. 하지만 아무리 큰 고통이라도 하나님을 믿는 자에겐 이유가 있는 법이다.
모든 어려움을 나의 축복을 위한 것이라고 믿자. 어떤 통로로 고통과 고난이 왔더라도 믿음으로 이기면 오히려 '연단' 이 된다. 잘 참고 이기는 만큼 우리의 믿음은 점점 자라고 있을 거다. 그러므로 '쉬이 슬퍼하지 않겠노라' 고 다짐한다.

하나님의 말씀

시험받음_ 히브리서 2:18 그(예수)가 시험을 받아 고난을 당하셨은즉 시험 받는 자들을 능히 도우실 수 있느니라
입술의 열매_ 호세아 14:2 너는 말씀을 가지고 여호와께로 돌아와서 아뢰기를 모든 불의를 제거하시고 선한 바를 받으소서 우리가 수송아지를 대신하여 입술의 열매를 주께 드리리이다

축복하는 기도

고통은 인간의 한계를 자극합니다. 주 안에서 아픔을 슬기롭게 극복하여 '믿음' 이 자라나게 하옵소서. 주님!

하나님을 모르는 '나'

내가 강할 때는 언제라도 나의 모습을 보란 듯이 나타내지만, 내가 약할 때는 그 모습을 들킨다는 것이 참으로 자존심 상하는 일입니다. 하지만 내 의지와 상관없이 모든 것을 드러내야 하는 때가 있습니다.
이와 같이 혹시 천국이 있어서 언젠가 하나님 앞에 발가벗고 서야 하는 때가 온다면 참으로 두려운 일입니다. 예수님은 나를 친구요, 형제라고 하십니다. 당신의 형제로서 하나님을 '아버지' 라 부르는 용기를 내어봅니다.

적용하기_ 시편 119:18
"내 눈을 열어서 주의 율법에서 놀라운 것을 보게 하소서"

간절한 기도

예수님, 제가 외로울 때 '친구' 되어 주시고 힘들 때 '형제' 되어 주시며, 친히 '아버지' 되셨사오니 늘 동행하여 주옵소서. 아멘!

폭풍 눈물

하늘 같은 아버지가 떠났어도
목놓아 통곡하지 않은 건

가고 오지 않을
이에 대한 복수일 터

◈

핏빛 내 루비 반지와
한 쌍이 되도록 남겨 주고 간
루비 목걸이

살 같은 목걸이를 서로
바꾸어 주었어도 그 마음
잃을까 봐 터져 나오는 폭풍 눈물

◈

떠나 버린
뻥 뚫린 공항주차장 옥상

그 후로 지금까지
폭풍 같은 눈물로
위로 받아 살았을 뿐…

영국 나무 아래 비석

영국 교회 묘지 비석들

24일 폭풍 눈물

어느 날 친구가 영국을 떠나면서 '루비 십자가 목걸이'를 내 '루비 반지'와 한 쌍으로 남겨주고 갔다. 루비 반지는 내게는 이별하는 이가 주고 간 선물이었기에 어찌 보면 고통 자체이고 핏빛이다. 친구와 헤어질 때는 타국에서 서로 의지함이 너무 컸던 터라 얼마나 통곡하며 울었는지 모른다. 때때로 우리는 이별을 위해 폭풍 같은 눈물을 흘린다.

사람과의 이별도 이러한데 주님과의 관계는 오죽할까. 오랫동안 소원한데도 눈물조차 나지 않는 메마르고 냉랭한 사랑은 아닌지, 주님의 사랑으로부터 멀어져 있다면 이것을 놓고 대성통곡 해야 하지 않을까?

하나님의 말씀

심판_ 히브리서 9:27 한 번 죽는 것은 사람에게 정해진 것이요 그 후에는 심판이 있으리니

쉼_ 히브리서 4:10 이미 그의 안식에 들어간 자는 하나님이 자기의 일을 쉬심과 같이 그도 자기의 일을 쉬느니라

말씀의 능력_ 히브리서 4:12 하나님의 말씀은 살아 있고 활력이 있어… 또 마음의 생각과 뜻을 판단하나니

축복하는 기도

생이별을 한 후 대성통곡할 때, 변치 않고 지켜 주시는 주님으로 인해 위로 받게 하옵소서. 아멘!

하나님을 모르는 '나'

세상에서 사랑하는 사람과 그리고 가족과 이별을 해보았습니다. 그 당시는 참으로 슬펐지만 시간이 지나면 뭔가에 쫓기듯 다 잊고 그저 자신을 위해 살기 바빴지요. 이렇게 살다가 가장 귀한 것, 알아야 할 것을 알지 못하고 사는 것은 아닌지 깊이 사색을 해봅니다. '신이 없을 거야' 라고 하며 살다가 정말로 하나님이 계신 건 아닌지요. 하나님을 부정할 아무 증거도 없으면서 교만하게 산 건 아닌지요.
세상에서 가장 슬퍼해야 하는 것은 내가 어디서 왔다가 어디로 가야 하는지를 모른다는 겁니다. 마치 영적인 '고아' 같습니다. 주변에서 나를 위해 기도합니다. 그들이 맞다면 내가 이것을 깨닫게 하옵소서!

적용하기_ 시편 119:19

"나는 땅에서 나그네가 되었사오니 주의 계명들을
내게 숨기지 마소서"

간절한 기도

살아 계신 하나님, 당신을 모르고 그 동안 잘못 살아왔습니다. 저를 용서하시고 예수 믿어 똑바로 살며 구원받게 하옵소서. 아멘!

폭풍 눈물의 반전

피 한 방울
떨어트린 것처럼
아슬하게 올려진 핏빛
나의 루비 반지!

폭풍 같은 눈물을 쏟아 내던 날
그녀가 풀어주고 떠난
루비 목걸이와 한 쌍이 된다

영국 Chipping campden 교회 묘지 비석들

영국 Chipping campden 교회 묘지 양떼들

그로부터 7년 후…
폭풍 같던 눈물을
생각나게 하는 이날

다시 돌아온 그녀에게
이젠 사랑으로 흠씬 물든
루비 반지를 빼어
목걸이와 함께 돌려준 후

내 손에 꼭 담긴
다이아몬드 목걸이 펜던트와
은빛 금빛으로 빛나는 반지들!

25일 폭풍 눈물의 반전

7년 전 헤어질 때 풀어 주고 간 루비 목걸이를, 7년이 지나 다시 만난 자리에서 돌려 준다. 그 때 함께 건네 준 루비 반지는 하늘나라를 먼저 간 이가 주고 간, 오래된 것이고 고통이고 아픔이었다. 하지만 주님은 다른 이를 통해 '사랑' 을 주셔서 아픈 상처가 회복되게 하신 후, 성숙한 사랑을 할 줄 아는 사람으로 다시 태어나게 하신다.
사람으로 생긴 아픈 상처는 더 큰 사랑을 가진 사람을 통해 치유해 주신다. 치료는 시작되었지만 때로는 더 오랜 시간이 요구되기도 한다. 그래도 우리는 잘 안다. 주께서 우리가 처한 '슬픔' 을 '기쁨' 으로 반드시 회복시켜 주신다는 것을 말이다.

하나님의 말씀

부활_ 요한복음 20:27 (예수께서)도마에게 이르시되 네 손가락을 이리 내밀어 내 손을 보고 네 손을 내밀어 내 옆구리에 넣어보라 그리하여 믿음 없는 자가 되지 말고 믿는 자가 되라
승천_ 사도행전 1:9 이 말씀을 마치시고 그들이 보는데 올려져 가시니 구름이 그를 가리어 보이지 않게 하더라
재림_ 사도행전 1:11 어찌하여 서서 하늘을 쳐다보느냐 너희 가운데서 하늘로 올려지신 이 예수는 하늘로 가심을 본 그대로 오시리라

축복하는 기도

삶을 이별해야 하는 슬픔이라 할지라도 곧 다른 사랑으로 치료하시는 주님을 믿게 하옵소서. 아멘!

하나님을 모르는 '나'

피는 물보다 진하다고 하지만, 내겐 생명처럼 아끼는 친구도 있습니다. 혹시 나를 배신해서 다 뺏긴다 해도 아깝지 않을 친구이지요. 세상에는 초능력을 행하는 경우도 있고, 신비로운 일들이 존재한다는 것도 부정할 수 없습니다. 초월된 사랑과 신비한 신적인 행동을 하는 사람들을 보면서 지금 내가 알고 있는 세상이 다가 아닐 수 있다는 생각을 하게 됩니다.

이런 것들을 통해 '영혼' 이 죽지 않는다는 것을 압니다. 지금까지 육을 위해 살았으니, 이젠 나의 귀한 '영혼' 을 위해서도 준비를 합니다. 예수님의 부활, 승천, 재림 등을 잘은 모르지만 저를 '인격적' 으로 인도해 주실 것을 믿겠습니다.

적용하기_ 시편 119:18

"내 눈을 열어서 주의 율법에서 놀라운 것을 보게 하소서"

간절한 기도

예수님께서 부활하신 것처럼 나도 죽지 않고 영생하게 하옵소서. 아멘!

모기밥

갈렙 장군은 적들을 향해
"우리 밥!" 이라 외치고

85세에 40세의 힘으로
전장에서 승리하길
잘 차려진
밥을 먹듯 했다지

갈렙 장군과 똑같은 축복을
서로에게 한 바로
그날 밤!

한낱 손뼉에 죽을
모기에게 잡혀
밤새 긁어 핏빛이 된
'모기 밥' 신세라니

영국 중세마을 Bourton on the water

영국 중세마을 Bourton on the water

26일 모기밥

적들을 향해 '우리 밥' 이라고 외치던 갈렙의 힘이, 늙은 후에도 변함없이 강인함을 보며 우리가 서로 축복하던 날이다. 그런데 그날 밤 맥없이 '모기 밥' 이 된 신세를 기막혀 하며 연약한 자신을 돌아본다. 모기보다 연약한 우리의 모습이지만, 자신의 목표를 향해 주의 십자가 은혜로 강한 군사가 된다.
평신도 사명자들은 누가 등 떠미는 것도 아닌데 자원해서 시간, 물질, 마음까지도 주께 평생 바친다. 그들의 헌신은 목회자에게 큰 힘과 도전이 된다. 이런 분들에게 갈렙처럼, 나이 들어도 젊을 때의 기력을 잃지 않고 주의 군사로 살 수 있는 은혜를 주께 구한다.

하나님의 말씀

먹이_ 민수기 14:9 그 땅 백성을 두려워하지 말라 그들은 우리의 먹이라 그들의 보호자는 그들에게서 떠났고 여호와는 우리와 함께 하시느니라 그들을 두려워하지 말라
능력_ 디모데후서 1:7 하나님이 우리에게 주신 것은 두려워하는 마음이 아니요 오직 능력과 사랑과 절제하는 마음이니
붙드심_ 시편 145:14 여호와께서는 모든 넘어지는 자들을 붙드시며 비굴한 자들을 일으키시는도다

축복하는 기도

우리의 힘을 다 써버리기 전에 재충전할 기회를 주시고, 갈렙처럼 사는 날 동안 내내 '같은 힘' 을 주옵소서. 나의 주여!

하나님을 모르는 '나'

지금까지 나의 꿈을 위해 밤낮으로 일하며 많은 것을 얻었습니다. 하지만, 한여름 밤 무는 모기뿐만 아니라 천재지변에 속수무책인 인생의 한계를 잘 압니다. 나란 존재가 얼마나 연약한지를 생각해 봅니다. 이렇게 살다가 개인 종말이 갑자기 온다면 미련이 있어도 한시도 더 머물 수가 없다는 것도 잘 압니다.

하나님을 믿는 사람들은 불멸하는 신처럼 영원히 산다구요? 실제로 그들은 나를 위해 기도하고 있습니다. 영원한 행복이라, 슬픔도 고통도 없고 기쁨만 있는 곳이 천국이라면 나도 가기를 원합니다. 하나님을 믿지 못하고 지옥에 가느니 믿어서 천국에 가겠습니다.

적용하기_ 시편 119:19

"나는 땅에서 나그네가 되었사오니 주의 계명들을 내게 숨기지 마소서"

간절한 기도

인생의 연약함을 압니다. 전능하신 하나님을 인정하고 부활하신 예수님을 믿습니다. 아멘!

영국 Cumbria 캐슬릭 스톤 서클

영국 Cumbria 산

바람 맞은 날

-쉐필드에서 맨체스터로 가는 황무지 길에서-

황무지를 꽃밭으로 수놓기 위해
애달픈 보랏빛 색조를 띠고
꽃을 틔운 황무지 꽃
헤더 나무

메마르고 바람 맞아
구부러진 줄기 사이로
바람 맞은 날!

◈

여전히 수줍어하며
제자리를 지키고 있는
붉은 황무지 돌

목말라 죽어 갈듯
어렵사리 자라 세찬 바람 타고
출렁이는 긴 풀결 사이로
바람 맞은 날!

◈

새하얗게 차가워진 머릿속
발개진 볼에
곧추세운 머리칼

왼쪽은 비탈진 협곡
오른쪽은 황무지라는
뜻밖의 선물로 온통
바람 맞은 날!

27일 바람 맞은 날

-쉐필드에서 맨체스터로 가는 황무지 길에서-

사랑하는 사람들과 함께 여행을 하다가 기대하지 않은 때에 선물을 받는다. 쉐필드 대학에서 맨체스터로 가는 길은, 놀랍게도 웨일즈 서쪽 '다트 황무지'를 떠올리게 하였다. 황무지에 대한 그리움이 있던 터라 깜짝 쇼의 선물처럼 펼쳐진 곳에서 신나게 '바람 맞은 날'을 잊을 수가 없다. 황무지의 유일한 꽃, 보랏빛 키 작은 '헤더 나무' 한 가지를 꺾어 한국으로 가는 이에게 건네준다.
지금 가는 길은 분명히 내가 목표한 것이지만, 주님께서는 또 다른 목적을 두고 인도해 가신다. 지나고 보면 우리의 목표보다 더 멋있고 값진 결과가 펼쳐진 것을 알 수 있다. 우리는 늘 주님의 예기치 않은 선물에 감동을 받는다. 우리를 기쁘게 해 주시려고 고민하시고 위로해 주시는 주님의 손길이시다.

하나님의 말씀

예비하심_ 잠언 2:7 그는 정직한 자를 위하여 완전한 지혜를 예비하시며 행실이 온전한 자에게 방패가 되시나니
형제_ 히브리서 2:11 거룩하게 하시는 이와 거룩하게 함을 입은 자들이 다 한 근원에서 난지라 그러므로 형제라 부르시기를 부끄러워하지 아니하시고

축복하는 기도

척박하고 세찬 바람이 불어도, 꽃을 틔우는 황무지 꽃 헤더처럼 강인하게 하옵소서. 주님!

하나님을 모르는 '나'

세상에서 황무지 같은 삶은 패배한 삶이고, 거친 황무지를 좋아하는 것은 바보처럼 보입니다. 저는 바보 같은 생을 살지 않았다고 생각했습니다. 그래도 주변에서 꽤 인정 받았으니까요. 하지만 창조주 하나님 앞에서 보면 하나님이 없다고 하는 이가 세상에서 제일 어리석은 것이고, 가장 큰 죄악(시편 53:1)이라고 하니 나야말로 가장 큰 죄인입니다.

오늘 뜻하지 않은 선물을 받았습니다. 내가 '하나님'을 알게 되다니, 마치 이날을 위해 하나님께서 '깜짝 쇼'를 준비하셨다고 생각합니다. 지금이라도 나의 죄를 용서해 주시기 원합니다. 지금부터 다시는 하나님을 떠나 살지 않겠습니다.

적용하기_ 시편 119:18

"내 눈을 열어서 주의 율법에서 놀라운 것을 보게 하소서"

간절한 기도

황무지의 귀한 꽃처럼 하나님이 나를 귀하게 여기심을 믿습니다. 이제 알았으니, 그 아들 예수님을 믿어 영원히 천국 가게 하옵소서. 아멘!

삶의 향기

깨끗한 아침
커피 향이 그리워지면
하루를 살 만한 힘이
있다는 신호!

삶이 무거워
내려놓았던 커피 향
빵 굽는 향 가마솥 누룽지
구수한 향들까지 어울려
노크를 한다

숭늉까지 올려진
넉넉한 아침 상처럼
하루를 견디어 내게 하는
삶의 향기들!

영국 유채밭

영국 호수 지방

포기

서울 종로 같은 잠실 아파트
파크리오 단지 내 중앙로를
거센 걸음 못내 쫓으며
절뚝거리다 멈춰선 시계탑!

낮은 연못가에 걸터앉아
시계 정중앙에 분침과 시침
한 쌍을 감아두고 잠시 쉰다

다시 걷기 위해 쉬는 것이고
절뚝거려도 포기할 수 없는
되돌아오지 않을 이날!

◈

비바람 부는 싸늘한 저녁
여전히 쉬지 않는 충성스런
초침만이 째까닥거린다

초를 다투며 기다리는
양 떼들의 눈망울을 떠올리고
손아귀에 풀 한 포기 꼭 쥔 채
가던 길을 다시 재촉해야 한다

늦은 밤 누군가 영원한 안식에
들어갔다고 듣게 된
가슴 벅차오른 날!

영국 맨체스터 '시계탑'

당신 탓

새로운 세계를
겁내는 나를 굳이
밀쳐 내실 때

'얼마나 꼴 보기 싫으면
그렇게 하실까?'

하지만
충격요법임을 잘 알기에
속 좁은 마음으로 헤아린다

◈

이젠 새로운 세계가 좋아
행복해져 가는 때

혹 한눈을 팔게 되면
허락을 구하며 따라 온
내 탓이 아니고

펴주신 팔 안에서
놀라고 펼쳐주신
당신 탓!

영국 런던아이 낮

영국 런던아이 밤

30일 당신 탓

세상 사랑하지 않고 그저 주님만 생각하며 산다면 주님이 기뻐하실 줄 알았는데, 굳이 세상 속에 집어 넣으셔서 기쁜 것들을 준비해 주신다. 나 좋아하라고 펼쳐주신 곳에서 어찌 살아야 할지 걸음마하는 어른 아이가 따로 없다. 이러다가 발이 세상에 푹푹 빠지는 날이라도 온다면, 그건 구하지도 않았는데 갖다 주신 '주님 탓' 이라고 응석을 부린다.

주님은 우리가 무엇을 원하는지 말하지 않아도 참으로 아신다. 그리고 우리에게 필요한 것도 잘 아신다. 그래서 그 길로 인도해가시는 충성스런 주인이시다.

하나님의 말씀

믿음_ 디모데후서1:5 네 속에 거짓이 없는 믿음이 있음을 생각함이라

일꾼됨_ 디모데후서 2:15 너는 진리의 말씀을 옳게 분별하며 부끄러울 것이 없는 일꾼으로 인정된 자로 자신을 하나님 앞에 드리기를 힘쓰라

예정_ 에베소서 1:11 모든 일을 그의 뜻의 결정대로 일하시는 이(하나님)의 계획을 따라 우리가 예정을 입어 그 안에서 기업이 되었으니

축복하는 기도

종을 기쁘게 하기 위해 늘 염려하며 일하시는 주님! 우리도 주님을 닮아 주의 일에 죽도록 충성하게 하소서!

하나님을 모르는 '나'

지금껏 잘못되면 '남의 탓' 이고 잘되면 '내 탓' 이라 생각했지요. 그러나 사랑의 투정처럼 '당신 탓' 이라고 할 만큼 내가 배려 받은 적은 없습니다. 그건 남을 밀어내야만 내가 살기 때문입니다. 모든 것이 나를 중심으로 살아온 인생입니다. 누군가 나를 위해 희생했다면 그건 부모님이나 가족이겠지요.

살아 계신 하나님이 영원한 지옥으로 갈 나를 위해, 예수님을 내 대신 십자가에 달려 고통을 당하게 한다는 것은 세상에서는 있을 수 없는 일입니다. 아무 이유도 없는데 말입니다. 그저 하나님께서는 '내가 너를 사랑한다' 고 말씀(요한일서 4:10)하십니다. 부끄럽지만 조건 없는 당신의 사랑을 받아들이겠습니다. 사랑합니다. 예수님!

적용하기_ 시편 119:19

"나는 땅에서 나그네가 되었사오니 주의 계명들을
내게 숨기지 마소서"

간절한 기도

나를 무조건 사랑하셔서 저 대신 죄 값을 치르신 하나님의 아들 예수님을 믿습니다. 아멘!

살구 빛 단풍놀이

살구 빛 새 단풍이
초록색 산자락 허리춤을 조금씩
당기는 때 살구색 티셔츠를 입고
들어간 단풍놀이 동산

정결한 숨소리를 내며
얕게 흐르는 물과
붉은 단풍 안내를 막 마치고
다시 단장한 십자 모양의 푯말

영국 호수 지방

영국 Bourton on the water

저녁 해가 저무는 때
방석 셋 깔린 4층 발코니로
같은 키 단짝친구 살구 빛
단풍 자락을 끌어 앉힌다

갈대 숲 백로가 지키는 사이
양팔을 뻗치던 살구 빛 단풍이
종일토록 산을 품에 안으려
일했음을 해 질 녘에야 알았다

31일 살구 빛 단풍놀이

지금껏 알고 있던 단풍은 울긋불긋한 색깔에 비유된다. 그러나 콘도 창밖에 펼쳐진 단풍은 지금껏 경험하지 못한 '살구 빛' 이다.
'가을에 단풍 구경 한번 해야지!' 생각은 했었지만, 이토록 새로운 단풍을 준비하시고 그 변하는 풍경을 하루 종일 파노라마처럼 눈앞에서 펼치고 계셨다. 하지만 우리의 눈은 그 변화를 감지하지 못했다. 주님은 우리가 알지 못하는 사이에 가장 좋은 것을 보여주기 위해 일하시는 참으로 '성실하신 분' 이시다.

하나님의 말씀

창조_ 전도서 3:11 하나님이 모든 것을 지으시되 때를 따라 아름답게 하셨고 또 사람들에게는 영원을 사모하는 마음을 주셨느니라
여호와의 것_ 시편 24:1 땅과 거기에 충만한 것과 세계와 그 가운데에 사는 자들은 다 여호와의 것이로다

축복하는 기도

주님이 좋은 것을 보여주고 계시는데도 볼 수 없는 저희들입니다. 지나고 보면 은혜의 자리였음을 알기에 성실하신 주님을 찬양합니다. 아멘!

하나님을 모르는 '나'

수없이 단풍이 물들어 가는 것을 보았지만, 사람의 눈으로 감지 못하는 사이에 물들어 간다는 것이 맞습니다. 사람의 한계는 딱 이런 것이지요. 한평생을 살면서 세월은 너무나 빠릅니다. 잡을 수도 없고요. 그사이 내가 알지 못하고 세상에서 가장 귀한 것들을 흘려 보냈는지도 모릅니다.

많은 사람들이 내게 하나님을 믿고 예수를 믿어야 영원히 살 수 있다고 말했지만, 단풍이 물들어가는 것을 볼 수 없는 것처럼 제 귀에는 들려오지 않았습니다. 이젠 같은 실수를 하지 않겠습니다. 창조주 하나님을 믿고, 또 그의 아들 예수님이 날 위해 십자가에 달리신 것을 믿습니다.

적용하기_ 시편 119:18

"내 눈을 열어서 주의 율법에서 놀라운 것을 보게 하소서"

간절한 기도

보이지 않는 것이 더 귀한 법입니다. 사랑도, 공기도 그렇구요. 세상에서 가장 귀한 예수님을 믿습니다. 아멘!

설교 노트 1

강사 :

말씀 :

제목 :

설교 노트 2

강사 :

말씀 :

제목 :

설교 노트 3

강사 :

말씀 :

제목 :

엮은이들 후기

처음엔 '시' 만 써서 지인들에게 성탄 선물로 주려고 했었는데, 어느새 국가와 민족을 위한 목요제단, 병원전도팀, 노방전도팀, 경찰선교회, 군선교회… 등 '평신도 사명자' 들 곁에 다가와 있다. 그들로부터 힘을 얻어, 작은 은사들을 모아 책을 꾸미게 되었다.

'전도 책자' 에 관심을 가져주신 쿰란출판사 이형규 장로와 팀원들, EACF 평신도 지도자 신선호, 양수미, 김혜영 교수, 이 책을 무척이나 아끼시는 유호순 권사, 광고를 위해 애써주신 인터넷 서점 '리브로' 오임석 집사, 영국 사진을 아낌없이 건네준 김응주 씨, 말씀을 견고하게 한 이동원 목사, '예쁜 시집' 을 위한 최상진, 고건환, 배본철 교수의 조언들, 그리고 EACF 지도 차병준 목사와 영국과 한국 모든 EACF 성도들의 '충성의 열매집' 이다.

개인적으로는 EACF에서 10년 가까이 사역하면서 생긴 삶의 열매이며, 안식년 때 주신 주님의 선물이고, '내 사랑 알맹이들' 이 뱉은 말들을 모아놓은 것이기도 하다.
끝으로 전도용으로 보급하기 위해 쏟아진 정성 어린 손길들! 그들의 헌신의 무게가 무겁기만 하다. 또한 '음… 잘하고 있다' (시 '얼굴' 중)고 격려하는 소리가 지금도 들리는 듯하다. 그때 첫사랑처럼 설레게 하던 것이 분명 '사랑' 이었음을 고백한다.

- 시, 글: Sarah M Lee (이미선, EACF 파송 선교사, 총신대 신대원), 1967년생
  저서- 하나님이 없다고 생각해 봅시다 (도서출판 드림, 전도용, 1992년)
- 감수: 차병준(EACF 담임목사, 총신대 신대원, 예장 합동 측 목사), 1962년생
- 말씀: 이동원(하나님의 성회 목사), 1961년생
- 사진: 김응주(삼성전자), 1975년생

* 큐티 시집 관련 상담 sarahmlee@naver.com

'전도용' 으로 후원하기: Standard Chartered(구 제일은행) 446-20-255588(예금주_ 신선호)

큐티 시집 ❶ 얼굴 *Face*

2013년 5월 20일 1판 1쇄 발행
2015년 6월 10일 1판 2쇄 발행

시, 글 이미선
엮은이 EACF
발행인 이형규
발행처 쿰란출판사

주 소 서울특별시 종로구 이화동 184-3
전 화 02-745-1007, 745-1301, 747-1212, 743-1300
영업부 02-747-1004, FAX / 02-745-8490
본사평생전화번호 0502-756-1004
홈페이지 http://www.qumran.co.kr
E-mail qr9191@daum.net, qrbooks@gmail.com
한글인터넷주소 쿰란, 쿰란출판사

등 록 제1-670호(1988.2.27)

책임교열 오완

값 10,000원

ISBN 978-89-6562-267-3 03230

Q u i e t   T i m e   P o e t r y